孙中山故居纪念馆
馆藏文物精粹

THE MUSEUM OF DR. SUN YAT-SEN
QUINTESSENCE OF CULTURAL RELICS COLLECTION

孙中山故居纪念馆　编
COMPILED BY THE MUSEUM OF DR. SUN YAT-SEN

文物出版社

图书在版编目（CIP）数据

孙中山故居纪念馆馆藏文物精粹 / 孙中山故居纪念馆编. —— 北京：文物出版社，2024.12. —— ISBN 978-7-5010-8607-8

Ⅰ. K827=6

中国国家版本馆CIP数据核字第2024PZ4968号

孙中山故居纪念馆馆藏文物精粹

编　　著　孙中山故居纪念馆

责任编辑　贾东营

责任印制　王　芳

出版发行　文物出版社

社　　址　北京市东城区东直门内北小街2号楼

邮政编码　100007

网　　址　http://www.wenwu.com

邮　　箱　wenwu1957@126.com

经　　销　新华书店

制版印刷　天津裕同印刷有限公司

开　　本　1270mm×965mm　1/16

印　　张　14.75

版　　次　2024年12月第1版

印　　次　2024年12月第1次印刷

书　　号　ISBN 978-7-5010-8607-8

定　　价　280.00元

编委会

《孙中山故居纪念馆馆藏文物精粹》

主编：

黄健敏

副主编：

吴春宁

撰稿：

黄健敏　林华煊　张咏梅　张道有　刘曼芬

前 言

FOREWORD

　　文物是人类在社会活动中遗留下来的具有历史、艺术、科学价值的物质遗存，是不可再生的文化资源，承载灿烂文明，传承中华民族的文化基因和血脉，维系民族精神。

　　孙中山故居纪念馆是纪念伟大的民族英雄、伟大的爱国主义者、中国民主革命的伟大先驱孙中山先生最重要的机构之一。孙中山故居纪念馆成立于1956年，多年来致力于对孙中山及其时代的物质与非物质文化遗存的征集收藏、保护管理、展示教育和科学研究，纪念孙中山先生为民族独立、社会进步、人民幸福建立的不朽功勋，弘扬他的革命精神和崇高品德，以让公众更广泛深入地认识和了解近代中国的历史、社会与文化。

　　孙中山故居纪念馆始终坚持以保护文物、守卫中华文化遗产为己任，持续开展文物征集，不断丰富馆藏。早在建馆之初，前辈们就走街串巷，积极发动附近乡亲、归国华侨、革命后代捐赠文物，组织社会热心人士成立"中山故居之友"，成功征集一批孙中山题词、历史照片、革命债券。1974年，经我馆积极联系，中国革命博物馆将多封孙中山致元配夫人卢慕贞函、孙中山穿过的西装以及尤列、杨鹤龄等赠孙中山的"寿宇宏开"贺幛调拨我馆收藏。20世纪80年代，我馆从澳门征集到辛亥革命前后孙中山中英文藏档近千件（套），孙中山在南京临时总统府使用过的家具、孙中山及其亲属后裔的历史照片、孙科为庆祝母亲卢慕贞七十六寿所定制的瓷器等500余件（套）。孙中山姐姐孙妙茜后裔多次向我馆捐赠珍贵的家族文物，包括"孙氏家谱""孙中山故居建筑工料报价单""清道光翠亨孙氏祖尝帐册"等。

　　多年来，孙中山故居纪念馆与孙中山、孙中山革命追随者的亲属后裔保持密切的联系，得到他们的信任和支持，将孙中山家族的相关文物文献、孙中山革命追随者与同时代人物的相关文物文献，无偿捐赠给孙中山故居纪念馆。其中以孙中山的孙女孙穗瑛、孙穗华为代表的孙中山后裔捐赠的家族文物史料1000余件（套），以孙中山长兄孙眉的曾孙孙必胜、孙必达为代表的孙眉后裔捐赠的家族文物史料300余件（套），孙中山革命追随者李仙根、姚观顺、陈耀垣、朱卓文等人的亲属后裔捐赠的家族文物史料2000余件（套），杨殷烈士后裔捐赠的家族文物史料170余件（套）等，文物征集工作取得了丰硕的成果。

与此同时，我馆不断拓展藏品征集的范围，丰富和完善馆藏体系，在孙中山主题邮票、邮品、钱币和债券方面的征集工作取得显著成效。

为表彰各界人士的捐赠义举，经我馆推荐，2011年6月，李仙根亲属及杨殷之女杨爱兰女士获得了中国文物保护基金会颁发的第四届"薪火相传——中国文化遗产保护特别贡献奖"，姚观顺儿媳周廉楣女士获得第四届"薪火相传——中国文化遗产保护年度杰出人物"荣誉称号；2015年5月，陈耀垣之子陈国勋先生获得了广东省文物保护基金会颁发的"广东省文化遗产保护2015年度突出贡献人物"称号；2018年5月，朱卓文之孙朱逖逵先生及孙中山姐姐孙妙茜亲属获得了广东省文物保护基金会颁发的"广东省文化遗产保护2018年度突出贡献人物"称号；2018年10月，孙穗瑛、孙穗华女士获得中国文物保护基金会颁发的第十届"薪火相传——文化遗产筑梦者杰出个人"称号。

在各界的支持和几代故居人的努力下，孙中山故居纪念馆馆藏文物收藏形成以下系列：（1）与孙中山及其领导的革命运动相关的文物和资料；（2）与孙氏亲属、翠亨孙氏宗族相关的文物和资料；（3）与近代中国历史事件和人物相关的文物和资料；（4）反映中国共产党的历史及近代以来中国人民抵御外来入侵、维护国家主权、捍卫民族独立、争取人民自由的革命文物；（5）反映近代华侨华人生活的文物和资料等；（6）世界各地不同时期发行的孙中山相关邮票、邮品及孙中山像钱币、债券等；（7）民俗文化相关的物品。

多年来，在坚持做好文物征集、保护的同时，孙中山故居纪念馆利用馆藏文物开展学术研究、陈列展示、社会教育，致力于深度挖掘和弘扬孙中山文化资源，先后推出原创专题展览数十个，编辑出版了《孙中山藏档选编（辛亥革命前后）》《孙中山与宋庆龄》《姚观顺传：孙中山先生卫士队长的传奇人生》《八叶芸香：李仙根及其家族》《陈耀垣先生传》《馆藏辛亥革命前后中外文档案》等图书，挖掘文物的丰富内涵，弘扬中华民族的优秀传统文化。

为扎实践行"保护第一、加强管理、挖掘价值、有效利用、让文物活起来"的新时代文物工作方针，进一步加强文物的研究阐释、展示传播，我馆根据馆藏文物的收藏体系，精选198件文物，按孙中山和宋庆龄文物、孙中山家族文物、孙中山追随者文物、辛亥革命前后藏档、红色文物、票证和邮品、古籍书画7个类别，编成《孙中山故居纪念馆馆藏文物精粹》。文物是历史的载体，希望通过此书，让读者触摸历史的脉搏，促进文化的交流互鉴。

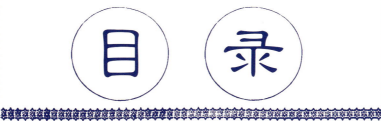

目 录

图版目录

孙中山故居纪念馆馆藏文物精粹
The Museum of Dr. Sun Yat-sen Quintessence of Cultural Relics Collection

孙中山、宋庆龄文物

CULTURAL RELICS OF DR. SUN YAT-SEN AND SOONG CHING LING

○○1

孙中山从檀香山带回的煤油灯

19 世纪
玻璃、金属、木
底径 17.2 厘米，高 44.5 厘米

　　1879 年夏，孙中山跟随母亲远航到檀香山，投靠长兄孙眉。1883 年，孙中山从檀香山返家乡翠亨村时带回两盏煤油灯，此为其中一盏。

002

孙中山在澳门行医时所用铁床

清
铁
纵 109 厘米，横 200 厘米，高 215 厘米

　　1892 年 7 月，孙中山在香港西医书院毕业，是年秋入澳门镜湖医院行医。镜湖医院为澳门华人所设立，向来用中医中药治病，孙中山屡次申请兼用西医西学，以济中医所不及，该院破例从之，孙中山成为澳门首位华人西医。1892 年 12 月，孙中山向澳门镜湖医院借款开办中西药局，"以医术为入世之媒"。

孙中山在香港西医书院求学时穿过的中式上衣（附唐颖坡撰书《国父遗衣珍藏纪略》）

清

丝绸

衣身长 76.5 厘米，衣袖长 58 厘米，腰围 108 厘米

唐元立先生、唐元正先生、唐颖儿女士、唐锦儿女士捐赠

　　孙中山在香港西医书院求学时穿过的中式上衣，衣袋内有手书"象号"和孙中山乳名"孙帝象"（SUN TI CHANG）的英文缩写"S. T. C."字样。

　　《国父遗衣珍藏纪略》，唐颖坡撰于 1965 年 10 月，罗香林题签封面，内附一页赵少昂题"国之瑰宝"。纪

略记载，革命期间孙中山曾避居唐家湾（今珠海市唐家镇）唐鸿家中，为避清兵搜捕，乔装离开唐家湾前将此衣赠唐鸿纪念，唐鸿晚年请唐颖坡为其寿冢题写"革命老人唐鸿之墓"时，以此衣相赠作酬报。

　　1895 年 10 月，因计划泄露及香港方面策应不力，第一次广州起义未及发动便告流产，孙中山离开广州经珠海唐家湾转澳门再赴香港，上衣应是在此期间赠唐鸿。

國父遺衣珍藏紀略　羅香林敬題

國父遺衣珍藏紀略

國父孫中山先生推倒滿清專制政府
建立中華民國為革命導師曠古無兩
無待贅述今遺留之中式銅紅紗綢
衣約有八十年之火灾袋中有「彖号」與
英文「S T C」(註一)等字乃
國父學生時代之手澤猶隱約可見高
有足述者

初
國父誕生於香山縣(今中山縣) 翠
亨村也
楊太夫人夢一巨象旁有白鬚老人立牀
前醒而 國父誕生村有北帝廟太夫人
祀奉甚虔遂取「帝象」為 國父乳名以
誌夢也(註二)
民元前廿五年公元一八八七年 國父由
廣州美教士創設之博濟醫院(CANTON
HOSPITAL) 轉學香港西醫書院 (THE
COLLEGE OF MEDICINE FOR CHINESE
鼓吹

革命益力常服此衣畢業淺奔走於洪
門廣州等地在革命過程中曾一度
避居唐家灣唐鴻家中(時唐翁甫自美
洲經商返鄉)爾時清廷緝騎四出搜捕
不已 國父乃星夜喬裝划小漁艇逃難
唐家灣經銀坑偷渡澳門行前留此
衣贈唐翁以為紀念

世界二次大戰後民三十六年余春長
「孫總理故鄉紀念中學」唐翁亦自美洲
歸居唐家灣之共樂圍年逾八旬精
神矍鑠自號「革命老人」(註三)碑述
國父生平革命事蹟時
國母盧太夫人端居澳門每歸鄉必順
道訪之 孫公哲生對之尤表敬重軏
禮徊恭承唐翁信奉基督教在唐家
東山之麓預營壽塚命書「革命老人
唐鴻之墓」并以此衣謝余曰聊作酬報
望慎保存永留紀念云云距

孙中山与家人在檀香山合影

1901 年 4 月
纸质
纵 18 厘米，横 24 厘米
杨连逢先生捐赠

　　1901 年 4 月，孙中山从日本赴檀香山与家人团聚。照片上中坐者为孙中山母亲杨氏，后排左起：侍女月红、孙眉夫人谭氏、孙眉养子孙威、孙眉、孙中山、孙中山夫人卢慕贞、孙眉养女孙顺霞、侍女新兰，前排三小孩左起：孙科、孙婉、孙娫。此为孙眉从檀香山寄给外甥杨庆聪的照片。捐赠人杨连逢为孙中山姐姐孙妙茜之孙。

愛女婉婭收看父今晚已行到第四個埠。即蘇夷士運河。再六日便到舉免。望告兩母親知之也。父今欲致兩姊妹。同去影一相。影好寄三四張去松山阿哥處。叫他轉寄來我可也。為外客來第二第三兩埠之風影畫片數十幅。包為一札。先金慶先轉寄。餘事再示。並問候你兩母親及各人平安

父字 西十二月二十号

005

孙中山致女儿孙娅、孙婉函

1910 年 12 月 20 日
纸质
纵 18.1 厘米，横 11.2 厘米

　　孙中山为革命在外奔走，与家人聚少离多，此为 1910 年 12 月 20 日孙中山抵达埃及时，写给长女孙娅、次女孙婉的信函。

 006

尤列、陈少白等人赠孙中山的"寿宇宏开"贺幛

清

丝绸

纵 93 厘米，横 331 厘米

尤其洞（尤列）、陈闻韶（陈少白）等人联名致送孙中山的"寿宇宏开"贺幛，由广东省城广州状元坊茂隆号制作。

省城 状

逸仙孫先生大人喜鑒

007

孙中山收藏的《大英百科全书》

1910 年至 1911 年
纸质
纵 21.8 厘米，横 16.5 厘米
朱腾云先生捐赠

《大英百科全书》，英文印本，书名：Encyclopaedia Britannica，不列颠百科全书公司出版，全套29卷。《大英百科全书》，又译《不列颠百科全书》，是一部以学术性强、权威性高而驰名世界的综合性大百科全书，第一版于 1768 年至 1771 年在英国出版。本套是第 11 版，被视为该丛书的经典版本。孙中山藏书，后被赠予朱卓文，现存 23 卷。捐赠人朱腾云为朱卓文之子。

008

孙中山在美国使用的火车票

1911 年 6 月至 10 月

纸质

纵 50 厘米，横 6.8 厘米

　　1911 年孙中山在海外奔走，积极策划新的武装斗争。此为 1911 年 6 月 3 日孙中山在纽约第五大道（Fifth Avenue）263 号宾夕法尼亚铁路公司（Pennsylvania Railroad Company）购买由数间铁路公司联营、可往返纽约至三藩市的双程火车套票，有效期至当年 10 月 31 日。车票上半部分为中转签证证明，有持票者于 1911 年 9 月 2 日晚上 8 点 20 分乘 16 次列车经由新墨西哥州等地前往纽约的记录；下半部分是车票，有持票者孙中山之英文签名"Y.S.Sun"。这是 1911 年孙中山从美国东岸前往西岸进行宣传、筹款等重要革命活动的物证。

（正面）　　　　　（反面）

009

香山四大两都旅沪同乡欢迎孙中山合影

1911 年 12 月 31 日
纸质
纵 32.5 厘米，横 39 厘米
余乃刚先生捐赠

　　1911 年 12 月 29 日，17 省代表在南京选举中华民
国临时大总统，每省一票，孙中山以 16 票当选。12 月
31 日，香山四大两都旅沪同乡在上海老靶子路（今武进
路）辰虹园设宴欢迎孙中山，以表桑梓之谊。

○IO

孙中山穿过的大衣

辛亥革命时期
呢绒
衣长132厘米，袖长60厘米，肩宽40厘米
朱腾云先生捐赠

　　辛亥革命时期孙中山穿过的大衣，人字纹呢面料。后被孙中山赠予朱卓文。

★ 朱卓文（1875－1935）
原名仕超，又名式武，广东香山（今中山市）西桠村人，旅美华侨。1910年加入中国同盟会。1911年随孙中山由芝加哥到英、法进行外交活动，并一同返国。曾任南京临时大总统府庶务处处长、大元帅府航空局局长、广东兵工厂厂长、香山县县长等职。

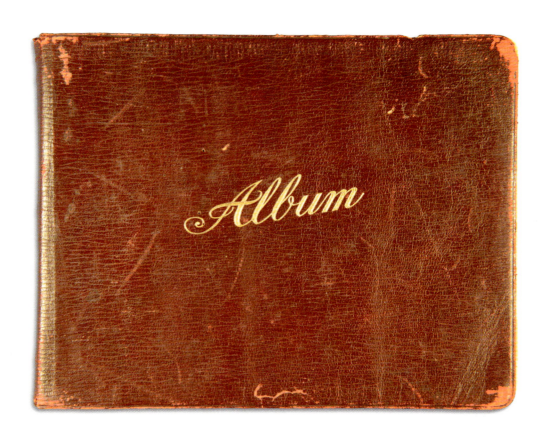

尚贤堂欢迎孙中山集会名册

1912 年 4 月 17 日

纸质

纵 17.4 厘米，横 22 厘米，厚 1.4 厘米

　　1912 年 4 月 17 日，中外人士在上海尚贤堂举行欢迎孙中山的宴会。此为孙中山收藏的与会人员签名册。

★ 尚贤堂

1897 年美国基督教传教士李佳白（Gilbert Reid）等在北京创立，义和团运动中被毁，1903 年在上海重建，举办各种中外联谊，开设学堂、藏书楼、陈列所等。

周亮弼　浙江省上虞人　　　　現住京埠北豐路張年宇

傳家桢　浙江省寧波府鄞縣人　住在本埠外虹口鴻泰
Ya wei Fang　浙江　全上全上　住在演路
蔡武之　江蘇蘇州人　現在三馬路慕爾堂
嚴復生　浙江慈谿人　現在老北門漢礼會住北京野外泛館
劉香㭴　江蘇儀徵人　現住城内
鄔樹章　浙江鎮海人　現住法大馬路六十七号
Shaw Hsinua
鄔薪卿　江南蘇州人　　現住北埠三洋涇新馬慶忌菜品利用營牒
堇繪佳　浙江吾昆　大美郵政署
秦壽夏　浙江上虞　大美郵政署

W.S. Barns　　　　　　British
S. Alan Chow
Enlow　Methley Starr　　Ningpo
Cros Lucy Sites　　　American Republic
Howard Galt　　　United States of america
Edwin J. Malfas　　　British
C.L. Whitewright　　British
Geo. S. Webster　　New York
Miss Wing Yuen
Kashing Chekiang province
John M. Darrah　　United States of America
Geo Bronson Rea　　American

K. Gillard　　　　Eng
Rufus N. Thayer　　American
Frank W. Hadley　　　"
S.R. Jernigan　　　　"
W. Hovelberg　　german
N. Hove　　　german
Antonay e Ruffi　French
周宝臧　　高成人住上海虹鎮路484号
Sing Pokong　　　Indian
Chu Poosan.　　浙江生海縣人揚州路某
Paul Westergaard　　　Dane.

Gilbert Reid　　　　American
S. Reynolds Reid
John Gilbert Reid.　　　"
Jean Reynolds Reid.
Charles B. Maybon　　French
B. Maybon　　　　　"
R. Laurie Smith　　　french
C. Spurgeon Medhurst　English
Alda J. Medhurst　　　"
Jean M. Fraser.　　Canadian
Helen Thune　　Norwegian
Marget Thoreson　Norwegian
楊秉銓　　　　江蘇

Dunled Kendale　　Eng
Alan Noel Davis　　Great
Charles Weldcross　　English
Geoffrey K. Nuttall　english
W. Brindfall
E.H. Parkhill　　English
J. Valentino　　Scotch
Luth A. Kemp　　Light
Tony Brown　　english
Edward Cronly　English
G472 Ch.　British
Eugenie Jinell　American
T.C. Kung 孔天培　Singapore
Ivan Dowdall　Shanghai's Irish
G. Thue Thue　Norway
Ellet Ely　England

陳潤夫　葉修厚　黄叔平
鍾養聖　歐陽潮

孙中山参加广州香山公会恳亲大会合影

1912 年 5 月 4 日

纸质

纵 20.8 厘米，横 26.2 厘米

　　1912 年 4 月 25 日，孙中山抵达广州，受到各界热烈欢迎。5 月 4 日，广州香山公会召开欢迎孙中山恳亲大会。图为孙中山与广东香山公会同乡合影。

 孙中山与亲人在翠亨孙中山故居院门前合影

1912 年 5 月 27 日

纸质

纵 24 厘米，横 30 厘米

　　1912 年 5 月 27 日，孙中山回故乡翠亨村省亲，在家门前与亲人合影。前排左起：孙婉、宋蔼龄、卢慕贞、孙中山、孙眉、孙眉夫人谭氏、卢仲琳、孙娫。这是孙中山自 1895 年广州起义失败后，第一次回到家乡。

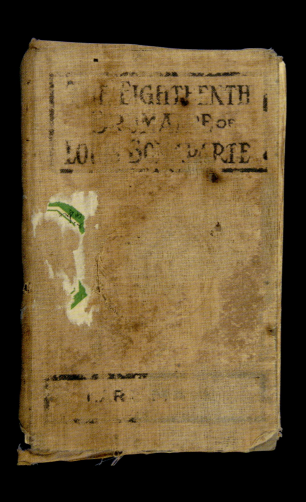

孙中山收藏的马克思著作《路易·波拿巴的雾月十八日》

1913 年
纸质
纵 17.2 厘米，横 11.5 厘米，厚 1.5 厘米
朱腾云先生捐赠

　　《路易·波拿巴的雾月十八日》，英文印本，书名：
The Eighteenth Brumaire of Louis Bonaparte，卡尔·马克思
（Karl Marx）著，1913 年美国芝加哥克尔出版社（Charles
H. Kerr & company）出版。孙中山藏书，后被赠予朱卓文。

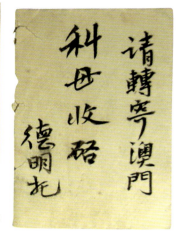

科世睿 十二月一日来正已得收到
你欲做永安公司股份自可由你定夺
便是家贲由明年正月计起当每月
寄二百元或半年寄一次也我现下身
体更佳诺病秀隆一切勿为念此到並问
各人大安　科父字　十二月十六日

请转寄澳门
科母收砭
　德明托

○15

孙中山致卢慕贞函

1916 年 12 月 16 日

纸质

纵 22 厘米，横 24 厘米

　　孙中山关于入股永安公司及汇寄生活费等事复元配
夫人卢慕贞函。信封所署"德明"为孙中山字。

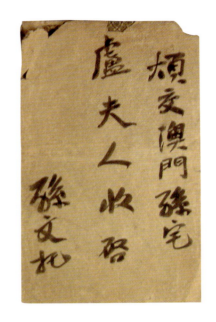

卢夫人鑒 来信得悉 現在事情尚未妥善
我未能定期回鄉 可傳知丁財叔出省城見我
得以定帶他先修理好鄉間之屋並办理下
鄉中之事 待我事要試觀自回鄉一轉 夫人今
在澳門静候 不必来省也 此候
各人均好 德明字

煩交澳門孫宅
卢夫人收啓
孫文扎

016

孙中山致卢慕贞函

1917 年
纸质
纵 25.6 厘米，横 15.2 厘米

　　1912 年 5 月 27 日，孙中山回翠亨村省亲，在家乡留居三天后赴广州，之后他一直希望有机会再回故乡。1918 年 7 月，孙中山在给儿子孙科信中写道："若时机适宜，父当回乡一次，以遂多年之愿。"此为 1917 年夏秋间孙中山致卢慕贞函，告知未能定期回乡，请卢慕贞在澳门静候。

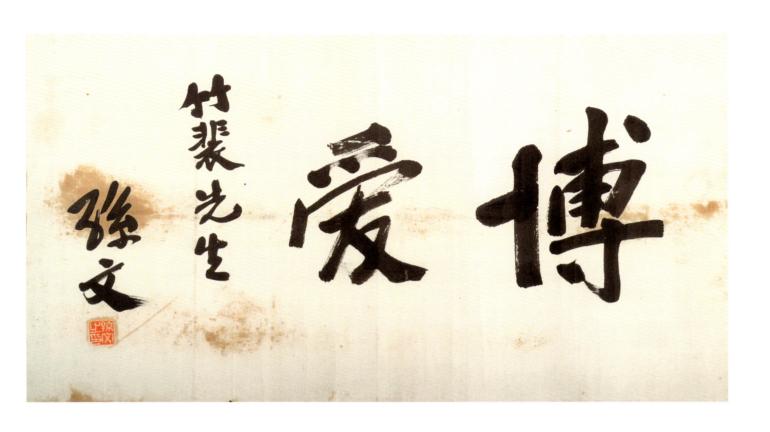

 017

孙中山书赠秦竹裴之"博爱"横幅

中华民国
纸质
纵36.5厘米，横67.5厘米
秦竹裴先生捐赠

　　孙中山认为"为四万万人谋幸福就是博爱"，"博爱"是孙中山最喜欢题写的内容之一。

★ **秦竹裴（1890—1962）**

字玉林，号崇一，广东香山（今中山市）石岐人。加拿大华侨、同盟会会员。1911年参加华侨"爱国义勇团"，归国声援辛亥革命。1921年任广州护法军参议。

 孙中山题赠杨广达之"博爱"横幅

中华民国
纸质
纵32.2厘米，横74.6厘米
杨添霭先生捐赠

　　1917年2月27日，杨广达致函孙中山称"弟欲求先生暇中代书斗方一幅，以资策励。"此"博爱"题词或即题于此后。

★ **杨广达（1865-1933）**

名邦，字广达，号云轩，广东香山（今中山市）北台人，檀香山华侨。历任檀山中国同盟会干事部部长、中国国民党檀香山支部部长等。为革命筹捐款项，数目甚巨，慷慨好义与邓荫南齐名。1922年回国，1923年任香山县县长。

 孙中山与宋庆龄在上海留影

1918 年

纸质

纵 23.8 厘米，横 15.6 厘米

　　1918 年冬，孙中山、宋庆龄在上海合影。

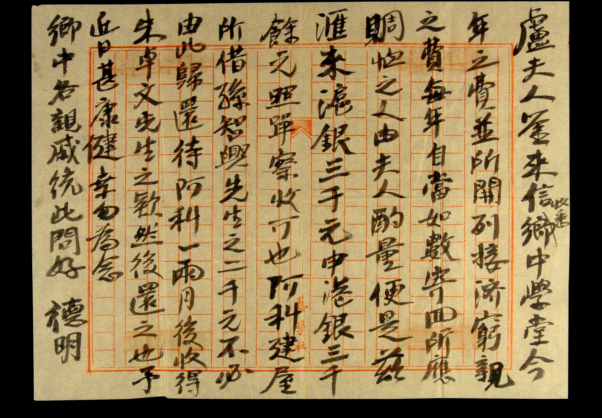

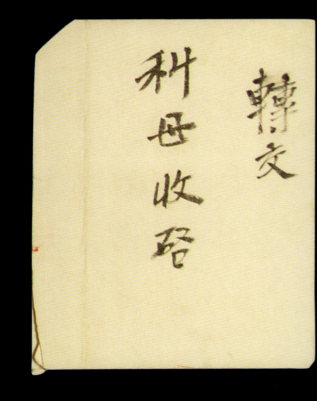

○2○

孙中山致卢慕贞函

1919 年

纸质

纵 21 厘米，横 27.5 厘米

1919年孙中山致函卢慕贞，告知有关资助乡中学堂、接济亲戚、汇款和偿还孙科建房费用等事，并谈及身体近况。

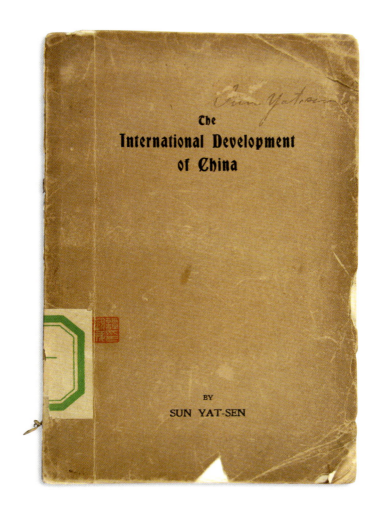

021

孙中山收藏的英文版自著《实业计划》

1920 年
纸质
纵 24.3 厘米，横 16.5 厘米，厚 1.8 厘米
谭观成先生捐赠

　　孙中山著作，英文印本。书名：*The International Development of China*，上海商务印书馆 1920 年出版。封面右上方有孙中山英文签名 Sun Yatsen。

　　1918 年 11 月，孙中山开始用英文撰写《实业计划》。1919 年 8 月起，《实业计划》的中译稿在《建设》杂志连载。1920 年上海商务印书馆出版英文本。该书内容包括开发交通、建筑港埠和兴办实业等，作为"物质建设"与《民权初步》（社会建设）、《孙文学说》（心理建设），合编成《建国方略》。

022

孙中山题赠翠亨学校之"后来居上"横幅

1921 年

纸质

纵 39 厘米，横 144.7 厘米

杨东先生捐赠

　　1921 年，孙中山在广州任非常大总统，翠亨村村民代表陆献山、杨灿文等到广州，请其拨款兴建翠亨学校校舍，孙中山书此题词予乡亲以作勉励。

023

孙中山题赠陆兰谷之"博爱"横幅

1921 年

纸质

纵 42.5 厘米，横 122 厘米

陆玉崑先生捐赠

 陆兰谷

广东香山（今中山市）翠亨村人，陆皓东堂兄。曾
在檀香山的孙中山长兄孙眉家中担任中文教员。
1898 年前后因涉嫌参加反清起义被捕，入狱六年。
捐赠人陆玉崑为陆皓东之孙。

1921年孙中山在香港大学演讲后
和该校员生合影之照片。

024

孙中山与香港大学师生合影

1923 年 2 月 20 日

纸质

纵 22.2 厘米，横 28 厘米

　　1923 年 1 月，孙中山策动粤军联合滇桂军队，将陈炯明逐出广州。2 月 15 日，孙中山由上海往广州，途经香港时应香港大学同学会邀请，在该校陆佑堂向师生们发表演讲。此为 2 月 20 日孙中山演讲完毕后与师生的合影。

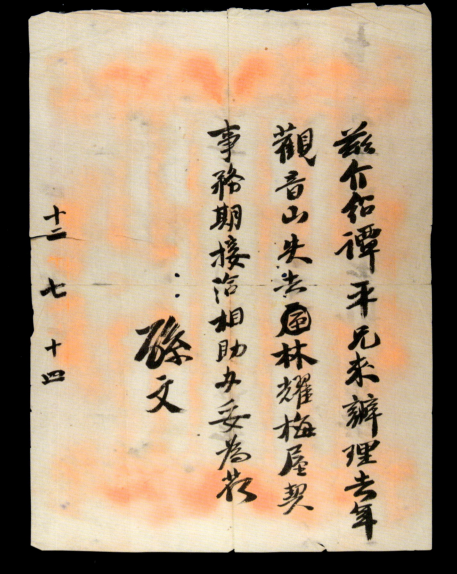

兹介绍谭平元来办理去年
观音山失去□林耀梅屋契
事务期接洽相助办妥为荷

孙文

十
七
十四

孙中山关于办理林耀梅屋契事致朱卓文函

1923 年 7 月 14 日

纸质

纵 30.5 厘米，横 21.5 厘米

黎妙仪女士捐赠

　　1922 年 6 月 16 日，因陈炯明部炮轰广州观音山（今越秀山）总统府，林耀梅丢失屋契。1923 年 7 月 14 日，孙中山致函香山县县长朱卓文，介绍谭平前往办理林耀梅补办屋契事务。捐赠人黎妙仪为朱卓文外孙女。

★ 林耀梅

孙中山妹妹孙秋绮女儿。随孙中山、宋庆龄入住广州大元帅府、上海莫利爱路 29 号（今香山路 7 号）寓所，负责管理孙府家务。

REPUBLIC OF CHINA
Government Headquarters
CANTON.

May 26, 1924.

My dear Mr Jue:-

I have just read your letter. My friendship for you does not allow me to remain silent when I see you about to take a step from which I fear you will regret later.

I know you are as disgusted as I am with some of the rotten people here, but why should their rotteness drive you to go abroad? And do you not realize that by going abroad, you

⟨1⟩

will lay yourself open to serious attacks again? You have been accused of appropriating public money by different persons. Is this the way by which you intend to answer their attacks? Doctor has been defending you before these men time & time again & he is absolutely sure of your integrity & honesty & tells them so.

By going abroad, you will be accused more & stronger than ever- "Who has the money to go abroad at this time?" they'll ask

⟨2⟩

If you go, you will never be able to clear your name or defend yourself!

You are a 好 人 here with a few hundred dollars for salary. However, you prefer to go abroad, instead of helping Doctor. What will be the logical deduction? That simply you have enough funds to live abroad without help now!

I know I am writing you most roughly. But my object is to arouse your feelings- Think, think what your action will cause!

⟨3⟩

meet your accusers, don't let them have a chance to injure your reputation!

But whatever you do, please remember that I ever believe in you absolutely & you must not disappoint him but prove that you are worthy of his trust & affection.

Your sincere friend,
R.S. Sun.

⟨4⟩

宋庆龄致朱卓文函

1924 年 5 月 26 日
纸质
纵 27.8 厘米，横 21.5 厘米
朱腾云先生捐赠

朱卓文曾被人指控挪用公款，一怒之下欲出走国外。1924 年 5 月 26 日，宋庆龄致函朱卓文，表达对他的信任，劝其以大局为重，勉励其继续扶助孙中山。

 027

孙中山题赠朱卓文母"教子有方"木匾

1924 年

木质

纵 71 厘米,横 226.8 厘米,厚 3.6 厘米

朱腾云先生捐赠

　　1924 年孙中山题写"教子有方"赠朱卓文母亲陈
太夫人,后朱家将其刻为匾额,悬挂于宅中。

上海《中国晚报》发行的孙中山演讲唱片

1924 年
胶质
直径 25.3 厘米
林邦立、林夔先生捐赠

孙中山演讲唱片，一套三张，每张两面。1924 年 5 月 30 日，上海《中国晚报》社长沈卓吾带领技师，在广州"南堤小憩"为孙中山录制。本套唱片包括普通话、广州话版，内容为《勉励国民》和《告诫同志》。这是孙中山仅有的一次录音留声，是孙中山利用近代科学发明来宣传政治主张、唤起民众的尝试。

中國自製留聲音片　　中國自製留聲音片　　中國自製留聲音片

上海　　　　　　　　上海　　　　　　　　上海

中國晚報館留聲部造　中國晚報館留聲部造　中國晚報館留聲部造

總理留聲盤學語演說詞

中華民國三十三年五月日受音普通話

勉勵國民第一（鄭法學者言）

（以下係　中山先生演說）

中國積弱，甚至危亡，諸君，我想大家係中國人，係中國幾千年來，係中國國傢之一份子……

中山先生留聲紀念集

第一集每冊定價銀八角

發行者

中國晚報館營業部

上海南京路四二三六號

○ 版權所有
○ 不許翻印

總理留聲盤國語演說詞

中華民國三十三年五月卅日受音普通話

勉勵國民第一（臨時者議言）

勉勵國民第二

勉勵國民第三

孙中山与宋庆龄在"春阳丸"轮船上合影

1924 年
纸质
纵 12.5 厘米，横 7.5 厘米

　　1924 年 11 月 13 日，孙中山偕宋庆龄离开广州北上，次日途经香港，转乘"春阳丸"轮船赴上海，以取道日本前往北京。此为孙中山与宋庆龄在"春阳丸"轮船上合影。

030

宋庆龄、孙治平在香山碧云寺为孙中山守灵时合影

1925 年 4 月

纸质

纵 39 厘米，横 32 厘米

　　1925 年 3 月 12 日，孙中山在北京病逝，4 月 2 日灵柩移往香山碧云寺暂厝。此为 1925 年 4 月宋庆龄、孙中

京兆
同生照相馆

031

孙中山先生治丧处发放的孙中山遗照

1925 年

纸质

纵 22.5 厘米，横 14.8 厘米

孙必达先生捐赠

　　孙中山去世后，国民党在北京成立了治丧处，委托北京同生照相馆拍摄丧礼照片。同生照相馆是民国著名影楼，1908 年由广东香山（今中山市）人谭锦棠开设于上海，1929 年还参与孙中山灵柩迁葬南京的拍摄。捐赠人孙必达为孙中山曾侄孙。

032

顾维钧致北平市政府公函稿

中华民国

纸质

纵20厘米，横27.3厘米

钱英英女士捐赠

　　1924年冬，孙中山应冯玉祥邀请北上共商国是，在京期间以北京政府原外交总长顾维钧的铁狮子胡同11号房西屋为行辕。孙中山去世后，顾维钧致函北平市政府，提出捐赠西边37间房屋连同地基，作为孙中山纪念地，随函附捐赠房屋平面图。捐赠人钱英英为顾维钧外孙女。

★ **顾维钧（1888－1985）**

字少川，江苏嘉定（今上海市嘉定区）人，近代著名外交家。曾任中国驻墨西哥公使、驻美国公使、中国出席巴黎和会代表团团长、北京政府外交总长等职，参与起草《联合国宪章》。

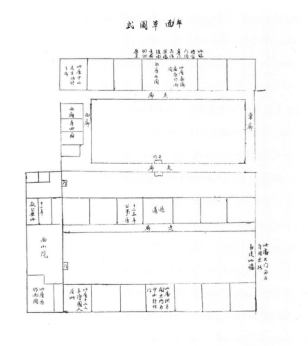

033

孙中山在香港与友人合影

1892 年前后

纸质

纵 9.4 厘米，横 14.5 厘米

胡希明先生捐赠

　　1892 年前后，孙中山在香港与友人合影。前排自左至右：杨鹤龄、孙中山、陈少白、尤列，后立者为同学关景良。此四人常相聚抨击时弊，抒发救国抱负。孙中山在《有志竟成》中自述，早年就读于香港西医书院时，课余常与杨鹤龄、陈少白、尤列等"相依甚密，非谈革命则无以为欢，数年如一日，故港澳间之戚友交游，皆呼予等为'四大寇'"。

034

孙中山、杨鹤龄、陈少白、尤列赠李仙根题词手卷

中华民国
纸质
纵35.8厘米，横147.7厘米
王业晋先生、李宝珠女士捐赠

★**杨鹤龄（1868-1934）**

名仕年，字礼遐，广东香山（今中山市）翠亨村人。1921年9月，孙中山聘其为总统府顾问，1923年孙中山任其为大元帅府港澳特务调查员。

★**陈少白（1869-1934）**

原名闻韶，号夔石，广东新会人。建立台湾兴中会分会，曾出任香港同盟会分会会长，创办《中国日报》。

★**尤列（1865-1936）**

字令季，学名其洞，别字少纨，广东顺德人。中国同盟会会员，曾出任《图南日报》名誉顾问。

孙中山题赠山井之"天下为公"立轴

中华民国
纸质
纵 139.5 厘米，横 39 厘米

"天下为公"出自儒家经典《礼记·礼运·大同篇》中的"大道之行也，天下为公"。大同理想，是古代先贤对和谐社会的理想追求，"天下为公"与孙中山的民权思想以及"民有""民享""民治"的政治理论相契合，孙中山常题此词赠予他人。

036

宋庆龄赠朱慕菲的大衣

中华民国

呢绒

衣长110厘米，肩宽39厘米，袖长48厘米，胸围49厘米

朱逖逵先生捐赠

★ **朱慕菲（1897—1932）**

广东香山（今中山市）西椰村人，朱卓文之女。与
宋庆龄关系密切，得宋庆龄指导学习英文。1915
年10月，陪宋庆龄从上海赴日本结婚，参加孙中
山与宋庆龄的婚礼。1920年朱卓文担任广州大元
帅府航空局局长后，朱慕菲开始学习飞行技术，后
被编入大元帅府航空局，成为中国第一位女飞行
员。捐赠人朱逖逵为朱卓文之孙。

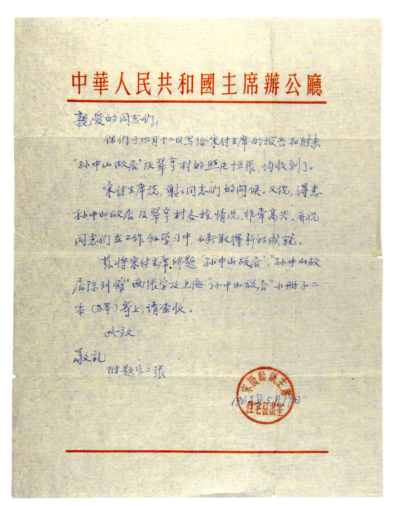

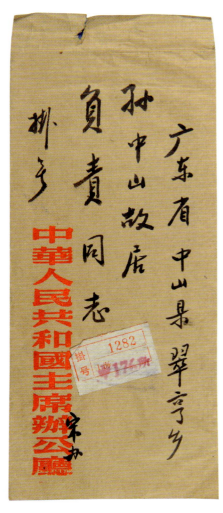

037

宋庆龄秘书室致翠亨孙中山故居函

1962 年 5 月 19 日

纸质

纵 28.5 厘米，横 21.3 厘米

　　中华人民共和国成立后，宋庆龄对翠亨孙中山故居的保护和管理十分关心。1956 年孙中山故居纪念馆成立后，工作人员几乎每年写信向宋庆龄汇报孙中山故居的保护和工作情况。1962 年 5 月 19 日，宋庆龄嘱其秘书复函时称"得悉孙中山故居及翠亨村各种情况，非常高兴，并祝同志们在工作和学习中，不断取得新的成就"。她亲笔题写了"孙中山故居""孙中山故居陈列馆"，随信寄到翠亨。

o38

宋庆龄题"孙中山故居"墨迹

1962 年 5 月 19 日

纸质

纵 16.2 厘米，横 26.8 厘米

o39

宋庆龄题"孙中山故居陈列馆"墨迹

1962 年 5 月 19 日

纸质

纵 13.2 厘米，横 40.2 厘米

Shanghai
January 24 ,1979

Dear Mr. Bow :

The photostatic pictures you sent along have been received.
I knew you as George Bow or " Captain George Bow " but not Robert
Bow.　The so-called " general " you mentioned never existed
but if you meant Morris Cohen, he was never made " general " and
was not in Canton during the 陈烔明 rebellion.

During our escape from 观音山 , coming down the "天桥 ",
suspended stairs to 孙总理's office, below , a bullet from the
Chen's troops hit your leg so I ordered some guards to carry you
down the winding stairs to the government House.　You could not
order 马湘 and 黄惠龙 to send me to the cruiser " Wing Pung " where
Dr. Sun was stationed to direct attack against the rebellious
troops.

However, when I arrived at the 元帅府 , the 叛军 was
fighting to destroy the iron gates so as to rush in.　Firing
was taking place all the time and soon there would be looting
and killing.　So I hid my identity by wearing Dr. Sun's raincoat
and put a man's hat on my head to hide my identity.　马 and 黄
took my arms and broke a door of a house in a lane.　The old
woman inside cursed and said her son (a Chen Chiung-ming man)
was coming home and would turn us over to the fighting troops
outside.　There Yeh Ting 叶挺 was also hiding.　So 马 and 黄
Dr. Sun's bodyguards and I decided to leave at once and got on a
sampon (三板) and headed for Ling Nam College to find refuge in
钟荣光 's (the head of Ling Nam) and forced ourselves as his
refuge guests.　When Dr. Wu Chaochu, son of Wu Ting Fang, the
外交部长 , found us, he brought me to see my husband on the
永丰 cruiser.　Earlier Dr. Sun urged me to accompany him in his

disguise at midnight to the cruiser , but I strongly refused
knowing that he would be recognized and caught if I went along,
but he had a chance if he escaped alone.

After Dr. Sun and I held a private talk, I decided to
leave at once for HongKong and not be a burden to him.　The
next day I took a boat for Shanghai.

These are true facts.　My mind is as clear as ever.
Also when I returned to Shanghai I wrote an article myself and
gave out to the English paper which widely published the account
of Chen Chiung-ming's rebellion and my narrow escape from death
or worse.

I hope this will clarify your mind.　I regret I don't
have any money and I live on a salary which doesn't permit me to
invite anyone to China.　But if your documents are read by the
government , probably they'll pay your trip to visit the People's
Republic of China.　I was always in China all these years , so
your letter could easily reach me had you tried to send it.

With best wishes

Yours sincerely ,

Soong Qing Ling

(宋庆龄)

P.S. This is where I live now. I seldom have time to visit my old home.

46 Pei Ho Yen,
Ho Hai, Beijing
Nov. 9, 1979

Dear Mr. Bow:

Yesterday I was surprised to get a parcel from my Shanghai home, addressed by you 6 months ago! Upon opening it, I found it was a lovely big Fruit Cake, baked by your niece, Mrs. Leon Chen! I don't know how to express my deep appreciation for your kindness and generosity and can only say: "Thank you again and again for your kind thoughts!" This special Fruit Cake will be enjoyed by me and my 2 adopted girls and all our friends at Xmas. We shall toast your health with our bottle of brandy which was presented to me by Monsieur Monet of Paris. Also, please give my warmest thanks to your niece Mrs. Chen for her kindness in

baking such a precious cake. I wish I could see you both one day to thank you in person.

I am enclosing 2 pictures, one showing me with an American delegation who came for the 30th anniversary of the People's Republic of China, and the girl in white is Yolanda Sui, the elder sister of Jeanette Sui who is studying at the Prep. School of Columbia University in New York. I adopted these 2 sisters when they were in the kindergarten. One is 22 years old and the other is 19 years old. They are both talented and I hope will serve our Country. Yolanda is working in the Film Studios here and is appearing in a film called "Daughter", in which she acted as a warlord's daughter. Perhaps, one day this film will be shown in America, and you will see it.

With my renewed thanks for your great kindness and thoughtfulness.

Yours very sincerely,
Soong Chingling

Jeanette went 6 Nov. last in July when she obtained a scholarship, now is out in America.

041

宋庆龄致姚观禄英文函

1979 年 11 月 9 日
纸质
纵 28 厘米，横 21.5 厘米
姚中美先生捐赠

　　1979 年 11 月 8 日，宋庆龄收到姚观禄 6 个月前从美国寄出的烘焙水果蛋糕，深受感动，于次日复函姚观禄致谢。

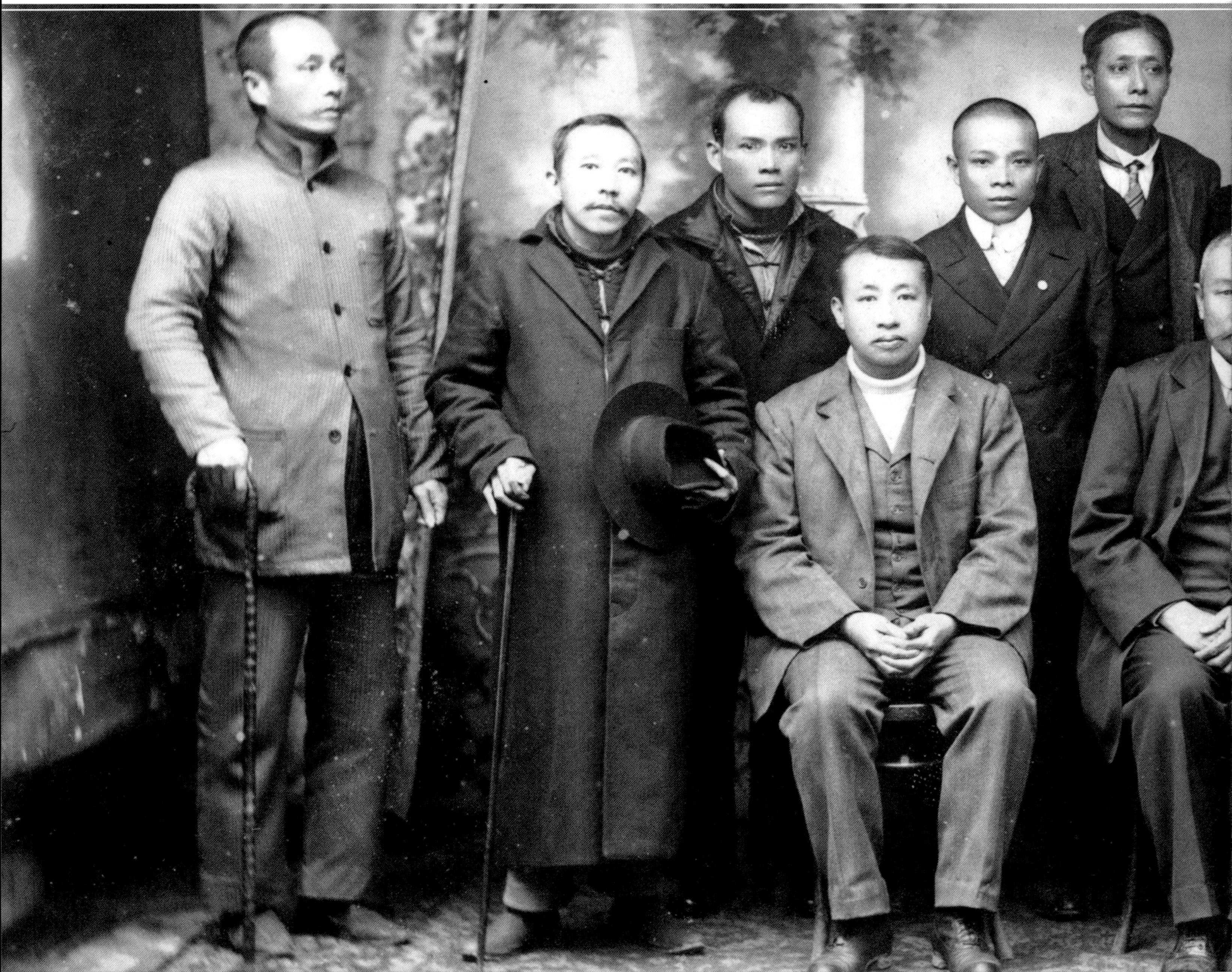

2

CHAPTER II

孙中山家族文物

CULTURAL RELICS OF DR. SUN YAT-SEN'S FAMILY

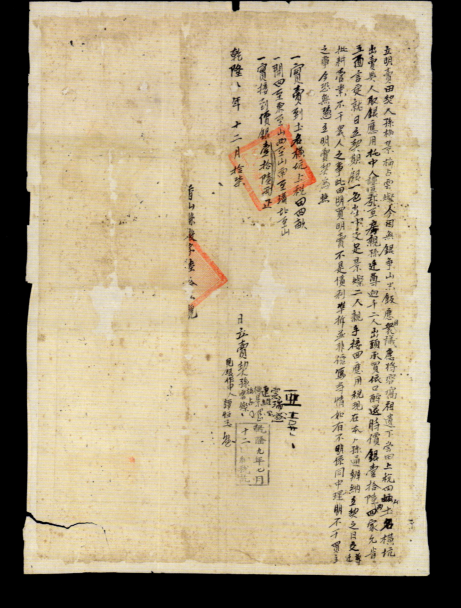

042

孙梅景等人卖田契约

清乾隆八年十二月十七日（1744 年 1 月 31 日）

纸质

纵 58.1 厘米，横 39.2 厘米

杨连逢先生捐赠

　　翠亨孙梅景、孙梅占、孙云灿等6人与孙廷尊、孙迥千两人就买卖4亩祖尝田而签订的土地买卖契约。该田位于涌口村，土名"横坑"。此次土地买卖，属孙氏家族内部的地权转移。其中孙迥千为孙中山的第 13 世祖。

《翠亨孙氏祖尝帐册》

清道光二十六年十一月十五日（1847 年 1 月 1 日）

纸质

纵 22.8 厘米，横 15.6 厘米，厚 0.4 厘米

杨连逢先生捐赠

　　帐册记载翠亨孙氏祖尝的收支情况，包括银、粮收入及祭祖支出等。

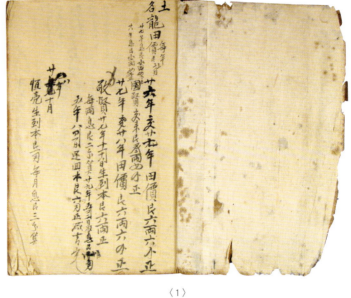

〈1〉

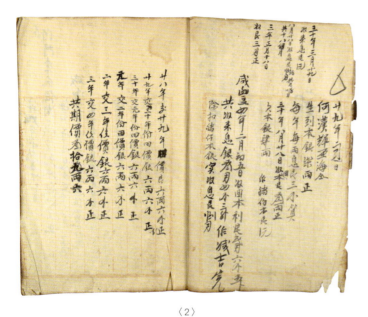

〈2〉

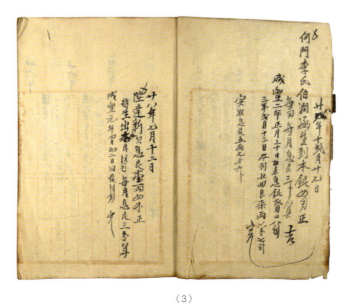

〈3〉

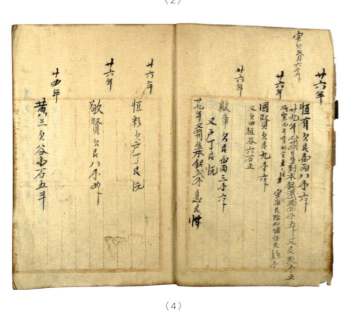

〈4〉

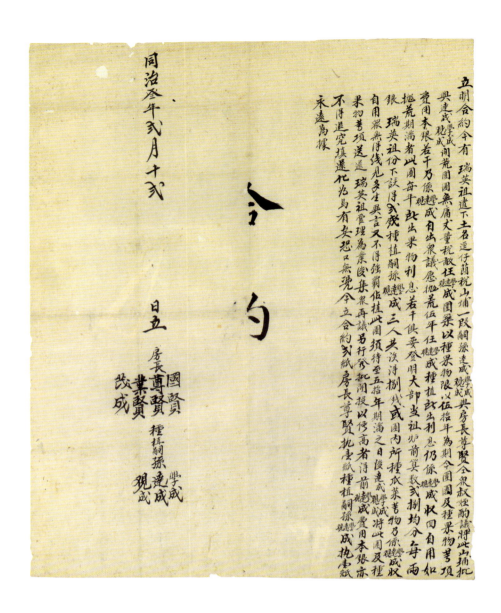

孙达成三兄弟批耕祖尝山荒合约

清同治三年二月十二日（1864 年 3 月 19 日）
纸质
纵 45.3 厘米，横 36.5 厘米
杨连逢先生捐赠

★孙达成（1813－1888）

孙中山父亲。年轻时在澳门当鞋匠，30 多岁回乡务农。在合约中，孙达成与弟弟孙学成、孙观成合伙签约批耕先祖所遗山荒地，开辟果园。

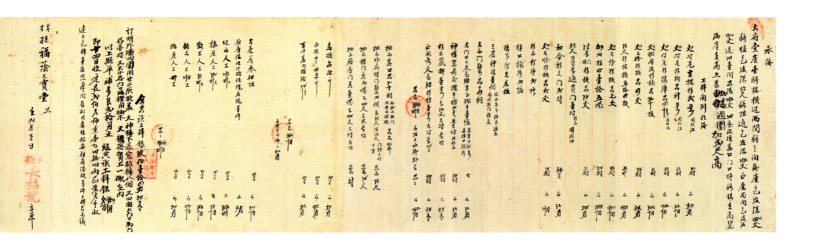

○45

孙中山故居建筑工料报价单

1892 年 3 月 9 日

纸质

纵 24.4 厘米，横 90.2 厘米

杨连逢先生捐赠

　　1892 年，孙中山长兄孙眉从檀香山汇款回乡，孙中山亲自设计和主持修建了一座三开间两层小楼。房子由翠亨附近的下栅乡长福号建筑商承建，此报价单即为长福号开具，详细记录了孙中山故居建筑规模、要求以及所需的物料（不含砖、瓦等）、工时，工价白银九百三十四两七钱二分，在涉及金额处盖有下栅乡长福号的印章。

o46

孙中山故居客厅的家具

清

酸枝木

椅纵 59 厘米，横 44.5 厘米，高 96 厘米

几纵 41 厘米，横 41 厘米，高 82 厘米

　　1892 年翠亨孙中山故居落成后添置的酸枝家具。全套八椅四几，雕蝙蝠、葫芦及"寿"字等纹饰。抗日战争期间，卢慕贞及女婿戴恩赛主持将该套家具搬到澳门孙公馆（今孙中山纪念馆）存放，抗战胜利后搬回翠亨。

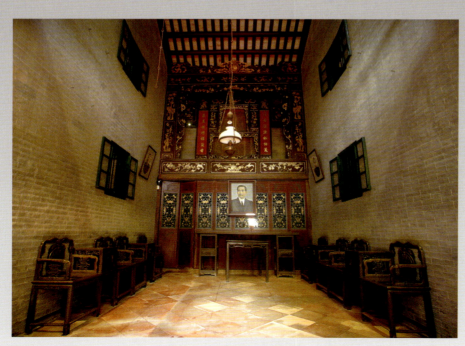

孙中山故居客厅

《孙氏家谱》

清光绪
纸质
纵17.6厘米，横16.8厘米，厚1厘米
杨连逢先生捐赠

　　家谱记载了孙中山的先祖由广东东莞长沙乡（今上沙社区）迁居香山县（今中山市）涌口、左步、迳仔蓢的概况，以及孙氏五世祖至十四世祖妣的世次、名讳、生卒时间、葬地等信息。

祚以前先祖在涌口村而塟
之山於光緒六年七月一盡
已將先祖之坟墓一切盤迁
回來在翠亨村黎頭尖土
名竹高龍真武殿安塟

惟因拜掃路途遙遠來往
艱辛之坟是以松香山各
叔姪捐簽銀兩回來盤迁
以浮清明拜掃來往就近
之便也

始祖婆陳氏太安人生終年月日考

始祖二世三世四世祖俱在
東莞縣長沙鄉居住
五世祖禮贊公在東莞縣
迁居末涌口村居住姓莫
氏太安人生下長子樂千

次子樂南樂千居住左步
惟因粮務迫遠過回東莞
末曾回末浮存莫氏世在牛
頭樂南居住涌口樂南祖
路坟仝墓長次子因職馬漆
乱不能回末兼於乾隆甲午
年十一世祖瑞英公卽迁末
遷仔藺村居住建造祖祠

五世祖
考禮贊公
妣莫氏太安人　生終年月日考

《列祖生没纪念部》

中华民国
纸质
纵20厘米，横13厘米，厚0.4厘米
杨连逢先生捐赠

　　内页为玉扣纸，印八行朱丝栏，记载了翠亨孙氏从第十二世孙连昌至第十九世孙娫等八代二十二人的生卒时间。

〈1〉

十二世祖考運昌生於己酉年正月十三日卒戊申年二月初二日壽

姓陳氏八生丙辰年九月十八日卒戊申年十一月初二日

十三世祖考迴千生康熙辛巳年十二月卒壬申年二月十一日

姓譚氏生康熙甲申年二月十九日卒乾隆癸未年八月廿七日

〈2〉

十四世祖考殷朝乾隆乙丑年六月十四日卒十月廿八日壽

姓林氏乾隆戊辰年三月十八日生卒丁卯年七月十二日壽

十五世祖考恒輝生朝隆丁丑年九月十四日卒嘉慶辛酉年

姓程氏乾隆丙戌九月二十日卒嘉慶辛巳年六月三十日

十六世祖考敦賢生乾隆戊申年十二月十六日卒道光己酉年壽

姓黃氏生朝隆壬子年二月十五日卒同治己巳年九月初五日壽

十七世祖考連成生道光癸酉年九月初三丑年卒宣統二年庚戌六月壽

姓楊氏生嘉慶丁丑年

敬頌公字

〈3〉

十七世祖考學城生道光丙戌年二月卒同治甲子年八月十八日壽

姓程氏生道光丙申年六月十四日卒民國九年十月初六日壽

十七世祖考現成生道光辛卯年四月初七日卒同治丁卯年八月壽

姓譚氏玉嬡

十八世祖考德新生咸豐甲寅年十月十七日卒民國三年中山正壽

姓王

十八世祖考德佑生咸豐庚申年九月廿五日卒同治乙丑年十二月初一日壽

〈4〉

十八世祖考字德明生同治丙寅年十月初六日卒民國十二年二月十八日己壽

姓王氏生光緒甲午年七月廿二日卒民國四年二月初六日黃將壽

十九世祖考字建謀生光緒壬午年五月廿八日未時卒民國六年十月

姓王氏生光緒庚寅年七月廿二日卒

十九世妣媱生光緒二十年二月廿五日卒民國二年五月廿三日壽

049

重修翠亨祖庙碑记

清道光八年（1828）

石质

长 107.8 厘米，宽 66 厘米，厚 7 厘米

　　楷书阴刻。碑文记载翠亨村民重修祖庙北极殿的背景、执事人员和捐献情况，其中孙中山的祖父孙敬贤捐助工金银壹两。

　　翠亨祖庙即翠亨村村庙北极殿，始建于清康熙年间，供奉北帝、天后娘娘及金花夫人等神祇，是翠亨村民祭神和集会议事的重要场所。该庙于 20 世纪 60 年代末被拆除，仅存遗址。

北极殿旧貌

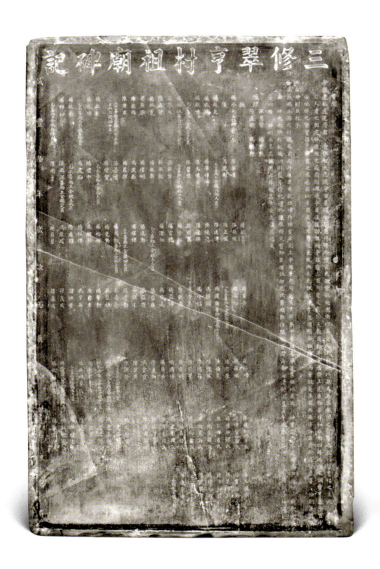

 050

三修翠亨祖庙碑记

清咸丰六年（1856）

石质

长105.5厘米，宽66.5厘米，厚5厘米

　　楷书阴刻。碑文记载翠亨村民三修祖庙北极殿的背景、值理人员和捐献情况，其中孙中山的父亲孙达成捐助工金银壹大圆。

 051

四修翠亨祖庙碑记

清光绪二十二年（1896）

石质

长142.3厘米，宽72.5厘米，厚5.5厘米

　　碑额篆书阴刻，正文楷书阴刻。碑文记载翠亨村民四修祖庙北极殿的背景、值理人员和捐献情况，其中孙中山的长兄孙眉（德彰）捐银叁拾圆。

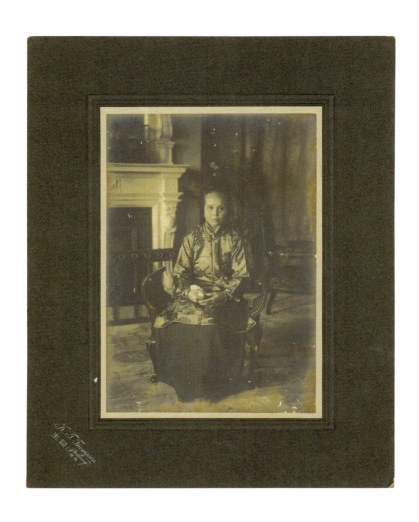

卢慕贞像

中华民国
纸质
纵 30.9 厘米，横 24.1 厘米

★ **卢慕贞（1867－1952）**

广东香山外垦乡（今为外沙村，属珠海市）人，
1884 年 5 月与孙中山结婚。1895 年 10 月，孙中
山策划广州起义失败后被迫逃亡海外，卢慕贞携子
女和孙母杨氏赴檀香山茂宜岛投靠孙中山长兄孙
眉。1909 年初迁往香港九龙牛池湾，后长居澳门。
1915 年与孙中山协议离婚。对人慈爱友善，深得
乡人敬重，被尊称为"孙太夫人"或"卢太夫人"。

053

"建华堂制"款"孙太夫人七秩寿庆"
粉彩三多图碗

1936 年

瓷

通高 5.8 厘米，口径 12.4 厘米，底径 4.9 厘米

　　通体施白釉，口沿处描一圈金边，外壁以粉彩绘石榴、寿桃、佛手图，寓意"多子、多寿、多福"，并有"孙太夫人七秩寿庆""延年载福"铭。1936 年 7 月，卢慕贞七十岁大寿，其子孙科（字"建华"）为祝寿定制了"建华堂制"款碗碟。

 054

"建华堂制"款粉彩团龙碗

1936年
瓷
通高 2.8 厘米，口径 7 厘米，底径 3.7 厘米

通体施白釉，碗内口沿处饰一圈粉彩回纹，内底饰粉彩团龙纹。

 055

"建华堂制"款粉彩团龙蝙蝠纹盘

1936年
瓷
通高 3.2 厘米，口径 14.6 厘米，底径 7.6 厘米

通体施白釉，盘内口沿饰一圈粉彩回纹，内底饰粉彩团龙纹、蝙蝠纹。

056

张子嘉贺卢慕贞七十寿辰所作《南山图》

1936 年
纸质
纵95.5厘米，横33.4厘米
林观焜先生捐赠

　　1936年7月，卢慕贞七十岁大寿，张子嘉创作《南山图》以表祝贺，后卢慕贞在澳门转赠同乡林帝苏。捐赠人林观焜为林帝苏之子。

 057

黄君璧贺卢慕贞八秩寿庆所作"松鹤遐龄"水墨画

1946 年
纸质
纵 38.6 厘米, 横 64.5 厘米
孙穗瑛女士捐赠

★ 黄君璧 (1897—1991)

原名允瑄,字君翁,广东南海人。以山水画最为擅长,尤以画云水瀑布为世所称道,兼擅人物、花鸟。

 058

卢慕贞使用过的黑漆百宝嵌仕女图立柜

中华民国
木质
高 122 厘米, 宽 80.4 厘米, 深 40 厘米
孙穗瑛女士捐赠

立柜四面平式,对开两扇门,通体髹黑漆,在黑漆地上以玉、玛瑙等各色料石镶嵌成仕女、亭台及花卉等图案。捐赠人孙穗瑛为孙中山孙女。

孙眉碳画像

中华民国
纸质
纵 66.2 厘米，横 50.3 厘米

★孙眉（1854－1915）

字德彰，号寿屏，孙中山长兄。1871年往檀香山谋生，初当雇工，后在茂宜岛开辟农场、开办商店，逐渐成为当地有名的大农场主，被称为"茂宜王"。资助孙中山完成学业，倾力支持孙中山的革命活动。1894年加入兴中会，参与策划广州"三·二九"起义，在广州湾（今湛江市）组织民军，响应武昌起义。

 060

孙眉与孙氏宗亲在左步孙氏宗祠前合影

1912 年 5 月 28 日
纸质
纵 32.6 厘米，横 39.2 厘米

　　1912 年 5 月 27 日，孙中山回故乡翠亨村省亲，次日携家眷与长兄孙眉等人到左步孙氏宗祠拜会宗亲。此为孙眉（前排中）与孙氏宗亲合影。

華眞影相放大油相

孙眉妻谭氏与卢慕贞、孙娫等在左步
孙氏宗祠前合影

———

1912 年 5 月 28 日

纸质

纵 32.8 厘米，横 39.3 厘米

　　1912 年 5 月 28 日，孙眉妻谭氏（前排左四）与卢慕贞（前排左三）、孙娫（前排左五）等在左步孙氏宗祠前合影。

062

孙眉与友人于澳门温万福映相馆合影

中华民国
纸质
纵 32.6 厘米，横 40 厘米

　　孙眉晚年和友人于澳门温万福映相馆合影。前排中
为孙眉。

063

孙眉与友人在船上合影

中华民国

纸质

纵 24.5 厘米，横 30.7 厘米

孙眉晚年和友人于船上合影。坐者为孙眉。

 064

孙妙茜与陆皓东母亲在孙中山手植酸子树下合影

中华民国
纸质
纵14厘米，横8.2厘米
杨连逢先生捐赠

孙妙茜（左）与陆皓东之母王金月（右）在孙中山故居酸子树下合影。

★ **孙妙茜（1863－1955）**
孙中山姐姐。抗日战争时期支持在中山活动的抗日游击队。保存了一批孙氏家族文物文献，并多次向史学家叙述翠亨孙氏家世及孙中山早年的事迹。

065

孙科夫妇与孙娫、孙婉等在美国加州合影

1912 年

纸质

纵 30.4 厘米，横 35.2 厘米

　　1912 年，孙科、陈淑英夫妇与妹妹孙娫、孙婉等合影于美国加利福尼亚州。左三孙科、左二陈淑英、左一孙娫、左五孙婉。

066

广东善堂总所等赠孙科的"善与人同"款银杯

中华民国
银质
口径 15 厘米，底径 13 厘米，高 44.6 厘米

　　1921 年至 1925 年间，孙科三任广州市市长。此为孙科任职期间，广东善堂总所、惠行善堂、爱育善堂、广济医院等赠送的"善与人同"款银杯。

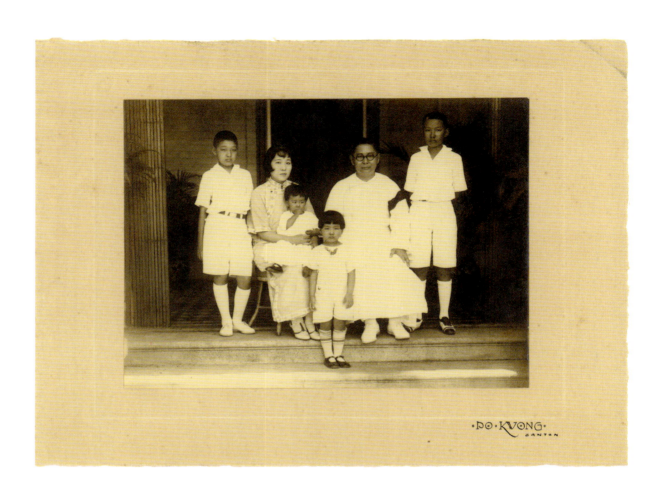

孙科夫妇与子女合影

1926 年

纸质

纵 20.5 厘米，横 27.9 厘米

　　1926 年孙中山逝世一周年之际，孙科夫妇与子女摄于广州。左起：孙治强、陈淑英、孙穗华、孙穗瑛、孙科、孙治平。

卢慕贞、孙科夫妇与唐绍仪夫妇合影

1929 年 9 月
纸质
纵 23.9 厘米，横 31.6 厘米

　　1929 年 2 月，中山县被定为全国模范县，实施训政。
1929 年 9 月，孙科在中山县唐家乡（今属珠海市）共乐园
出席中山县训政实施委员会第二次全体会议。期间，孙
科夫妇与卢慕贞、唐绍仪夫妇合影于共乐园。左起：孙
科、陈淑英、卢慕贞、吴维翘（唐绍仪夫人）、唐绍仪。

069

总理故乡纪念学校校董会议合影

1935 年 4 月 29 日

纸质

纵 32.1 厘米，横 39.8 厘米

　　1929 年 9 月 28 日，孙科在出席中山县训政实施

于右任题赠孙科照

1936 年 4 月

纸质

纵 35.7 厘米，横 27.3 厘米

★ 于右任（1879－1964）

原名伯循，陕西三原人。1906 年加入中国同盟会。

创办《神州日报》《民呼日报》《民吁日报》《民立报》。

曾任南京临时政府交通部次长，复旦大学、上海大

学创办人。

哲生先生 惠存

廿五年四月 蔡元培 敬贈

蔡元培题赠孙科照

1936 年 4 月
纸质
纵 30.4 厘米，横 22.9 厘米

★ 蔡元培（1868—1940）
字鹤卿，号子民，浙江绍兴人。1904 年组织光复会，
1905 年加入中国同盟会。曾任南京临时政府教育总
长、北京大学校长。

 072

孙科使用过的端砚

中华民国
石质
纵35厘米，横30厘米，厚3.1厘米
孙穗瑛女士捐赠

　　孙科使用过的砚台，端石，随形砚，石质细腻，石品丰富，有青花、火捺、金银线等，侧面及底部刻卷云纹。

孙科使用过的皮箱

中华民国
皮质
纵44.5厘米，横69.2厘米，高20.4厘米
孙穗华女士捐赠

　　孙科用过的皮箱，箱中贴有六国饭店的标签。捐赠
人孙穗华为孙中山孙女。

常书鸿绘制的孙中山肖像油画

1942 年
布质
纵 88 厘米，横 70 厘米
孙穗华女士捐赠

　　1942 年，常书鸿绘制的孙中山肖像油画。孙科常年悬挂于宅中，以为纪念。

★ 常书鸿（1904－1994）

生于浙江杭州。1927 年至 1936 年在法国学习西方绘画，作品多次获里昂、巴黎沙龙大奖。1943 年赴敦煌筹备建立敦煌艺术研究所，任首任所长，为敦煌艺术的保护、研究和传播做出了重要贡献，被誉为"敦煌守护神"。

常书鸿绘制的孙科夫人陈淑英肖像油画

1942 年

布质

纵119厘米，横89厘米

孙穗华女士捐赠

 076

司徒乔绘制的孙科肖像油画

1943 年
布质
纵 106 厘米，横 87 厘米
孙穗华女士捐赠

★ 司徒乔（1902—1958）

原名司徒乔兴，广东开平人。著名的现实主义画家，
曾任中央美术学院教授。擅长油画、粉画、中国画，
自创竹笔画。

○77

戴恩赛、孙婉结婚时与家人合影

1921 年 3 月
纸质
纵 37.6 厘米，横 29.1 厘米

　　1921 年 3 月，孙婉与戴恩赛在澳门结婚。二排右二孙婉、右三戴恩赛、右四戴恩畅；三排右二卢慕贞；后排左一孙科、左二陈淑英、左三孙眉夫人谭氏。

○78

戴恩赛、孙婉夫妇与家人在广州督办广东治河事宜处合影

中华民国
纸质
纵 31.1 厘米，横 40.5 厘米

　　戴恩赛、孙婉夫妇与子女在广州督办广东治河事宜处与亲属合影。后排左一孙婉、左二戴恩赛、左三戴恩畅；前排右起：戴永丰、戴成功、戴兰荪。

○79

何香凝赠孙穗瑛的松树牡丹图

1941 年

纸质

纵 102.4 厘米，横 32 厘米

孙穗瑛女士捐赠

★ 何香凝（1878－1972）

号双清楼主，生于香港，原籍广东南海。1905
年加入中国同盟会，追随孙中山先生投身辛亥革
命、讨伐军阀等斗争，后又致力于中国民主革命。
1949 年后，曾任中国国民党革命委员会主席、中
国人民政治协商会议全国委员会副主席、全国人民
代表大会常委会副委员长等职。何香凝的画作气度
恢弘、立意深邃，常借对松、梅、狮、虎和山川的
描绘，抒情明志。

戴季陶书贺孙穗瑛的"花好月圆人寿"横幅

1947 年 11 月
绢质
纵 34.5 厘米，横 78.5 厘米

　　1947 年 11 月 20 日，孙科长女孙穗瑛（英）在上海与林达文结婚。此为戴季陶书贺孙穗瑛结婚的横幅。

3

CHAPTER III

孙中山追随者文物

CULTURAL RELICS OF DR. SUN YAT-
SEN'S FOLLOWERS

陆皓东与家人合影玻璃底片

清

玻璃

纵 17.7 厘米，横 22.9 厘米，厚 0.26 厘米

林文湘女士捐赠

　　陆皓东（右一）童年时与父亲陆晓帆、母亲王金月等合影玻璃底片，是陆皓东传世的唯一影像，大约在 1876 年陆晓帆病故前不久摄于上海。捐赠人林文湘为陆皓东孙媳妇。

★陆皓东（1867–1895）

名中桂，字献香，号皓东，广东香山（今中山市）翠亨村人。在兴中会策划的第一次武装反清起义——1895 年乙未广州起义中被捕遇难，被孙中山誉为"中国有史以来，为共和革命而牺牲者之第一人"。

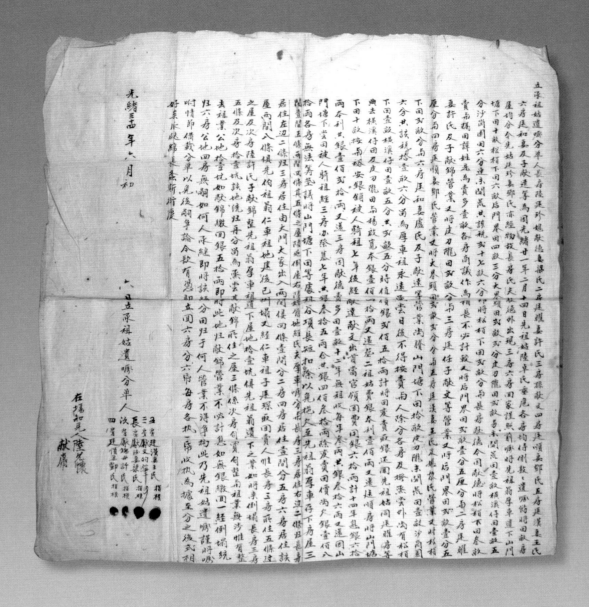

陆厚车遗产分单

清光绪三十四年（1908）

纸质

纵 55.6 厘米，横 53.6 厘米

  陆皓东祖父陆厚车遗产的分单，分单人中的"五房廷汉妻王氏"，即陆皓东生母王金月。

★ **陆厚车（1801—1852）**

名元泽，号德润，曾在广州洋行任买办。

★ **陆廷汉（1838—1876）**

名怀昕，号晓帆，在上海经商，与郑观应有往来。

妻子王金月（生卒不详），广东香山（今中山市）泮沙乡王屋村人。

〈2〉　　　　　　〈1〉

〈4〉　　　　　　〈3〉

〈6〉　　　　　　〈5〉

083

陆灿撰写的《陆皓东公事略》手稿

1937 年 3 月 12 日

纸质

纵 20.4 厘米，横 31.5 厘米

★ 陆灿（1874－1952）

字立本，号炳谦，别字逸生，广东香山（今中山市）翠亨村人，陆皓东堂侄。檀香山华侨，对孙中山领导的革命运动及夏威夷的华侨公共事业均有贡献。晚年撰有 *SUN YAT SEN —— AS I KNEW HIM*、《孙中山公事略》《孙中山在檀事略》《陆皓东公事略》等。

084

杨心如致女儿、女婿家书

1928 年 9 月 14 日

纸质

纵 22.6 厘米，横 49 厘米

　　杨心如致女儿、女婿的家书，谈及为广州革命纪
念馆提供革命史料等事。

★ 杨心如（1868－1946）

乳名帝镜，名兆蓉，字正乐，号心如，广东香山
（今中山市）翠亨村人。1897 年 11 月，协助陈少
白在台北成立台湾兴中会分会。其后革命同志来往
南北，台湾联络所方面，杨心如是实际主持者。

085

杨鹤龄行书七言联

中华民国

纸质

纵130厘米，横33厘米

林冠群女士捐赠

　　杨鹤龄曾师从近代岭南大儒简朝亮（1851－1933），书
法自具法度。捐赠人林冠群为杨鹤龄儿媳。

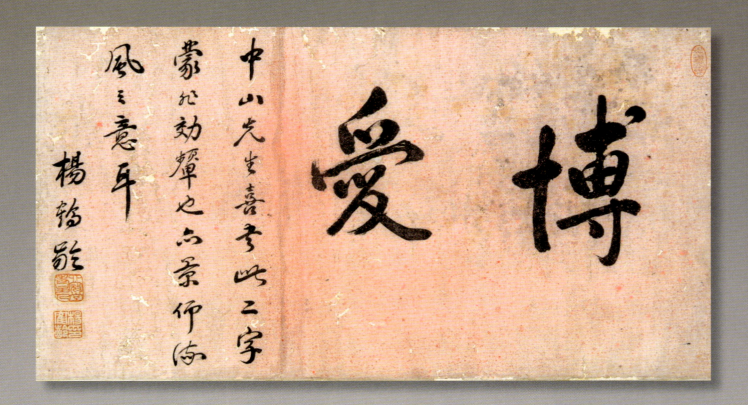

中山先生喜书此二字蒙赐劲辉也凡景仰诸

风之意耳 杨鹤龄敬

086

杨鹤龄行书"博爱"横幅

中华民国
纸质
纵33厘米，横61厘米
林冠群女士捐赠

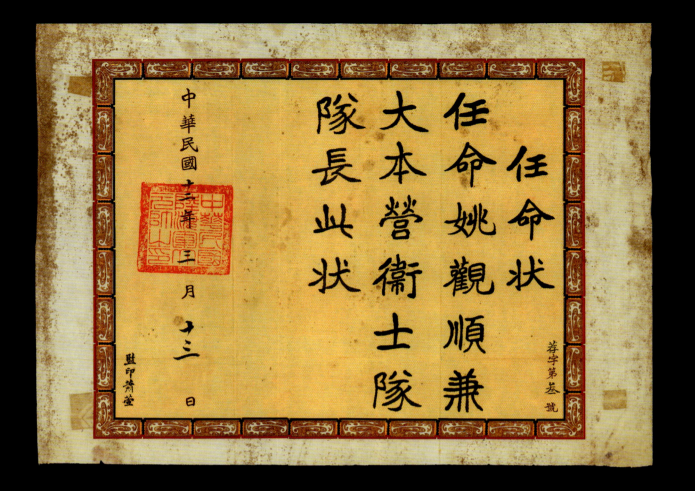

任命状

任命姚觀順兼
大本營衛士隊
隊長此狀

中華民國十二年三月十三日

鈐印於萱

蔣字第叄號

087

孙中山委任姚观顺为大本营卫士队队长的任命状

1923 年 3 月 13 日

纸质

纵 37 厘米，横 50 厘米

周廉楣女士、姚宝钧先生捐赠

★ 姚观顺（1892－1951）

号颐庵，广东香山（今中山市）小隐村人，在美国加利福尼亚州出生。1914年回国追随孙中山，曾任大总统府少将参军及卫士队队长、大本营卫士队队长等。抗战期间担任驻中国的美国空军第十四航空队的中方代表，获美国陆军驻中国战区司令部颁发自由勋章。

087

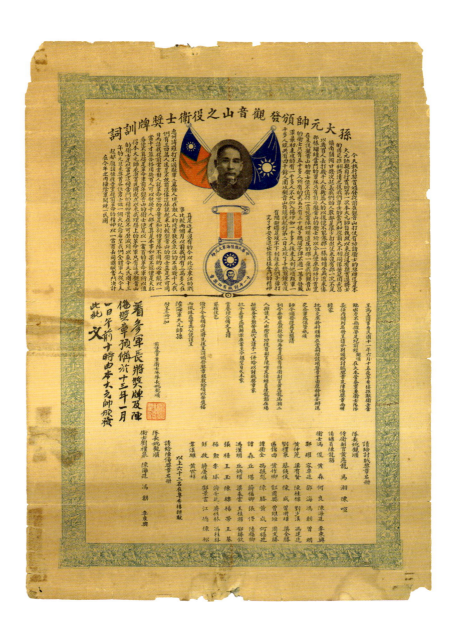

 088

孙中山颁发给姚观顺的观音山之役卫士奖牌训词

1924 年 1 月 1 日
纸质
纵 49.7 厘米，横 34.2 厘米
周廉楣女士、姚宝钧先生捐赠

　　1922 年 6 月 16 日，陈炯明部发动兵变，围攻广州观音山（今越秀山）大总统府。姚观顺奉命率领大总统

府卫士队驻守后山粤秀楼，奋勇保护宋庆龄脱险，身受重伤。1924 年 1 月 1 日，孙中山、宋庆龄在广州大元帅府向观音山之役卫士颁发奖章。姚观顺获颁讨贼奖章执照（奖字第一号）、阵伤奖章执照（奖字第六三号）及观音山之役卫士奖牌训词。捐赠人周廉楣为姚观顺儿媳、姚宝钧为姚观顺之孙。

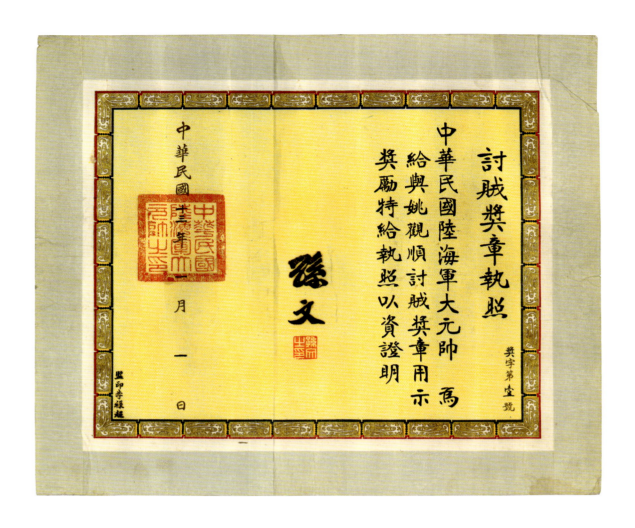

孙中山颁发给姚观顺的讨贼奖章执照

1924 年 1 月 1 日

纸质

纵 34.2 厘米，横 42 厘米

周廉楣女士、姚宝钧先生捐赠

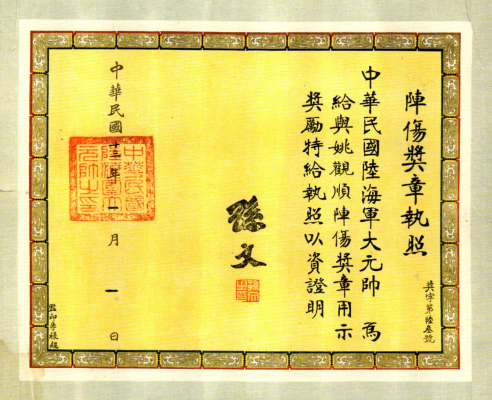

090

孙中山颁发给姚观顺的阵伤奖章执照

———————————————————————————

1924 年 1 月 1 日

纸质

纵 34.3 厘米，横 42 厘米

 091

姚观顺佩戴孙中山、宋庆龄颁授的讨贼
奖章留影

1924 年
纸质
纵 16.5 厘米，横 10.7 厘米
周廉楣女士、姚宝钧先生捐赠

李仙根像

中华民国
纸质
纵15.5厘米，横10.7厘米
李宝珠女士捐赠

★李仙根（1893－1943）

名蟠，字立固，广东香山（今中山市）石岐紫里人。早年加入中国同盟会，参与辛亥革命武装起义的准备行动。曾任孙中山大元帅行营秘书、香山县县长、佛山市政厅厅长等职。工书擅诗，富收藏，著有《小容安堂诗抄》《秋波琴馆遗草》及《岭南书风》等。

《李仙根日记》

1923 年至 1925 年
纸质
纵 11.2 厘米，横 7.5 厘米
王业晋先生捐赠

　　《李仙根日记》，3 册。1923 年至 1925 年，李仙根追随孙中山身边，身历不少重要历史事件，尤其孙中山在北京的最后时日里，李仙根随侍在侧，逐日记录孙中山的治疗情况、病情变化和体温、脉象以及孙中山在病榻上活动等，该套日记极具史料价值。捐赠人王业晋为李仙根女婿。

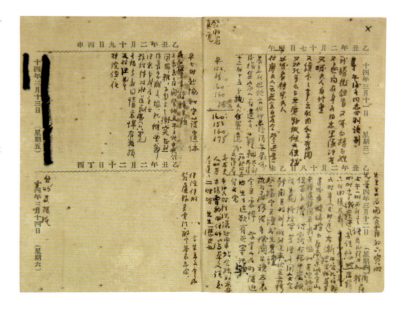

"北京中央公园社稷坛大殿孙大元帅灵堂
撮影纪念"照

1925 年 3 月 25 日
纸质
纵 20.7 厘米，横 26.4 厘米
姚中美先生捐赠

　　1925 年 3 月 19 日，孙中山灵柩自北京协和医院
移至中央公园社稷坛大殿（今北京中山公园中山堂）安
放。3 月 24 日至 4 月 1 日，社稷坛大殿开放给各届和民
众公祭孙中山。此为李仙根（右二）等在灵堂轮值守灵
人员的合影。

095

孙中山先生安葬纪念章

1929 年
铜质
直径 7.6 厘米，厚 0.5 厘米
王业晋先生捐赠

　　1929 年 6 月，孙中山安葬于南京紫金山。总理奉
安委员会在美国定制两万枚铜质的孙中山先生安葬纪念
章，分赠出席奉安典礼的机构、代表和工作人员。

　　1928 年 12 月，李仙根奉国民政府令，参与组织总
理奉安办公处。此为李仙根保存的孙中山先生安葬纪念
章（编号：1217）。

秋波琴

明万历四年（1576）
木质
长 122 厘米，肩宽 19 厘米，尾宽 13.5 厘米

　　秋波琴为落霞式，面板、底板均为桐木，通体髹黑漆，发小蛇腹断夹流水断，琴额镶白玉一方，琴轸及雁足为白翡翠；底板刻隶书"秋波"及清同治三年（1864）何斌襄重修题记，并"戛玉鸣金"白文四字填金大印。

　　秋波琴与春雷琴、绿绮台琴、天蠁琴，并称广东四大名琴，为岭南近代公认知名度最高的四把古琴。李仙根家族旧藏，曾于 1940 年春香港"广东文物展览会"展出。

097

李仙根的"方圆"端砚

1939 年
石质
纵 11 厘米，横 10.6 厘米，厚 0.8 厘米
李宝珠女士捐赠

　　李仙根随身携带使用的端砚，底部刻自题铭文："其品端，其质贞。材不大，薄有情。名之曰'方圆'，将以伴吾行。"原配木盒，盒盖内刻"秋波琴馆"篆印。捐赠人李宝珠为李仙根之女。

（背面）

098

李仙根家庭相册

中华民国

纸质

纵18.5厘米，横26.5厘米

王业晋先生捐赠

李仙根家庭相册，共4册，包括李仙根的单人照、亲友照、与社会各界人士合影以及在国内各地游览拍摄的风景、沿途社会景象等照片。李仙根爱好摄影，册中不少风景照、艺术照等出自其手。

垣耀陳　荃蕙雷

岂于此清末年武汉赵义前一個月

往園園筹饷同拍于美洲山多顷縣

紀念

陈耀垣与雷蕙荃往围园筹饷时于美洲

山多顷县合影

1911 年 9 月

纸质

纵 30.2 厘米，横 25.2 厘米

陈国勳先生、陈洁馨女士捐赠

★ 陈耀垣（1883－1949）

广东香山斗门（今属珠海市斗门区）南山村人。旅美华侨，中国同盟会美洲主盟人之一。1911 年 6 月，孙中山在三藩市发起成立美洲洪门筹饷局（又称国民救济总局），并亲率演说员陈耀垣、黄芸苏等分途筹款，为在国内发动更大规模起义做准备。

委任状

今委任陳耀垣為中
國國民黨駐三藩市
總支部總幹事此状

中國國民黨總理
孫文

本部特設辦
事處幹事長
張繼

民國十年七月卅一日

 100

孙中山等任命陈耀垣为中国国民党驻三藩市总支部总干事委任状

1921 年 7 月 31 日

纸质

纵 31.5 厘米，横 42 厘米

陈国勳先生、陈洁馨女士捐赠

　　中国国民党驻三藩市总支部是国民党在美洲的总机关，1920 年前后全美洲所属各国除加拿大已另设总支部外，其余悉统辖于驻三藩市总支部，所统辖之分部、通讯处等，不下二百埠。捐赠人陈国勳为陈耀垣之子、陈洁馨为陈耀垣孙女。

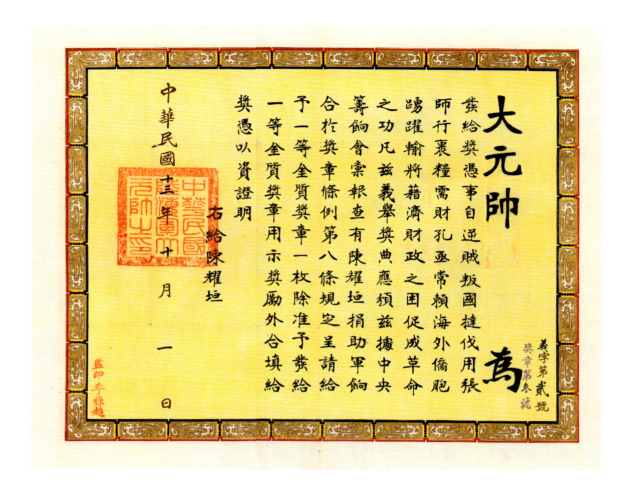

○ 101

中华民国陆海军大元帅颁发给陈耀垣的捐助军饷一等金质奖章奖凭

1924 年 10 月 1 日

纸质

纵 42.3 厘米，横 49.8 厘米

陈国勳先生、陈洁馨女士捐赠

　　1921 年 8 月，在孙中山的支持下，陈耀垣在广州发起成立中央筹饷会并担任主任干事，以筹集义捐支持北伐。按《中央筹饷会简章》规定，捐款三千元或募款一万五千元以上者才可呈请奖给一等金质奖章。

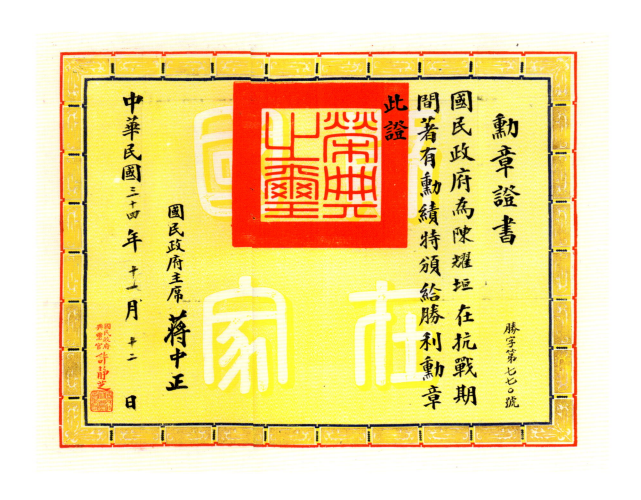

国民政府颁发给陈耀垣的抗战胜利勋章

1945 年 11 月 12 日
勋章金属质，证书纸质
勋章最长 17.2 厘米，最宽 7 厘米
证书纵 40.2 厘米，横 51.8 厘米
陈国勳先生、陈洁馨女士捐赠

　　抗战期间，陈耀垣奉国民政府特派，远赴中南美洲宣达抗战意旨，慰问侨胞，推行救国公债，为凝聚抗战力量努力。1945 年 11 月 12 日，因著有勋绩，获颁胜利勋章。

〈4〉

主席羅治保拉約翰選等請其援
助卒獲外交委員会通過將山東
直接交還中國（惟提出大会通過保留)
及哈定總統任內召集九國代表在華
盛頓開会果有日本之將膠州灣青
島交還中國之決定未措非当時矜
走呼號之効也民國九年粵軍回粵
耀垣在美為負籌餉接濟之責組
織救粵義捐局籌集鉅款以助
需粵局底定總理由滬返粵成立
總統府電促耀垣歸國任總統府秘
書並奉派為中央籌餉会主任籌餉
北伐又奉命與鄧澤如陳楚楠等
備實業銀行以助軍需時陳炯明心
懷異志事の制肘至為棘手及總
理改道北代自桂林至廣州陳部葉

〈3〉

長及袁世凱違法叛國帝制自為
總理組織中華革命黨從事再舉
革命耀垣即加入中華革命黨並負
籌餉討袁之責入與劉日初同志組
織敢死隊擬回國効力會乃袁氏死慘
元洪繼任總統恢復國會乃不果行
民國七年歐戰結束各國在巴黎開和
平會議將膠州灣青島許日本和
在美聞之大憤即名集美洲華僑各
埠代表開大会於舊金山通電反對
並組織國民外交協会耀垣被推為遊
埠專電員聯絡美國及中南美各國華
僑團結一致搜集材料印行專刊向美
國參眾兩院議員報館記者及各方
名流極力呼籲主持正義耀垣並親
赴美京謁見參議院外交委員会

〈8〉

六月六日

耀垣今年六十有三雖以垂暮之年

女均以家境圓乏未能作升學之計

男方肄業於小學六年級尚有一幼

…窘境然此心耿耿於懷者惟

冀國家昌盛兆民康樂耳己之榮

枯固未嘗以措意也時民國三十四年

〈7〉

被選為候補執行委員並任廣州中
山紀念堂管理委員會常務委員
兼秘書潮梅治河委員会常務委
員粵漢鐵路南段廣九株韶三路
總稽核廣東礦務塞長港澳總
支部執行委員第六屆…
中央候補執行委員…
國事為黨効忠救十年未敢稍懈
香港淪陷脫險抵梧失足墜樓
跌傷幸…總裁給亨醫藥費伍
千元得以治愈一家七口輾轉年餘
始得同達梧州至去年梧州失陷轉
徙肇林現人遠到信宜長子國傑學
得碩士學位已成立家室雖能自
製藥於美國加省大學畢業後
給而南畢業於高中者尚有一女兩

〈1〉

陳耀垣自傳

耀垣籍隸廣東省中山縣家世業儒目幼
受書頗有四方之志稍長涉獵載見
荷人西紀揚州十日嘉定三屠等事輒
拍案驚呼恨滿人侵我漢族之殘虐又
讀滿清失記鄭容革命軍等書知
海結復志士十餘人朝夕講求救國之道聞
孫中山先生提倡革命方在歐美致力宣
傳乃決心赴美追隨後即加入少
年學社少年學社者實 中山先生所
領導鼓次革命之機關其以學社名
蓋欲避免當地政府之干涉辛民國前
三年 中山先生以革命大義日就昌
明學社同志益增多因改組為中
國同盟會命耀垣為美洲主盟人當

〈2〉

時康有為梁啟超之徒倡保皇之說
美洲華僑之有資產者頗感之多
授入其黨耀垣憤其認賊作父持手
槍率領青年同志選入土得頡華
保皇黨之所搗毀之義警察為之
稱快辛亥三月廿九之役 總理令耀垣
等奔走各埠籌款
集款項極為順利(詳見鄒海濱全著三月廿九先軍
令史)而革命軍別以他故失敗 總理
乃益策勵同志加倍努力並擬彰感
全美各地并組國民救濟總局擴
大等款以備再舉耀垣遂因出發協
助籌措旋有端緒會武昌起義
總理歸國就臨時大總統職仍命耀垣改
為國民黨耀垣歷任土得頡分部部
在美等助軍餉民國成立同盟會改

〈5〉

舉等今日甫餉滋援一夕李雲後府
部竟在總統府內無端放槍數千響
全城為之震動時耀垣主持機要常
於夜間治事耳報軍變亂耀垣即
蔔獸電線親攜密電碼避於天
橋下幸未遇難六月十五日晡時秘
未耀垣即登觀音山勸 總理暫避
長謝持外出密告耀垣叛軍今晚必
至夜深叛軍果自白雲山出動礮
轟總統府幸 總理再經同志勸
請業已離去得免受驚時海軍
煤餉缺乏勢亦甚急耀垣曾設法
收集款項購置煤斤以資接濟又曾
其將紙幣運入戰艦以備不虞天難
允諾但僅運到未發行之五角新幣

〈6〉

海軍卒因餉械不繼無法維持而轉
附陳逆時北伐軍回師失利 總理遂
離粵赴滬派耀垣為美國總支部總
幹事赴美主持美洲黨務耀垣甫
抵美 總理復電令等款乃設立
國民義捐局極力籌募繼續接濟
現中央革命債務委員會尚存有
當時款收據由耀垣手簽尚可
覆按也中國國民黨改組後耀垣應任
美國總支部常務委員清黨委
員美國第二第三兩次全國代
表大會代表並被推為第三次全國
代表大會兼任中央僑務委
行委員暨本黨重要委員會主任
視察海外黨務民國二十年與林故主席出國
第四第五兩屆

103

《陈耀垣自传》手稿

1945 年 6 月
纸质
纵31.7厘米，横33.5厘米，厚1.5厘米
陈国勋先生、陈洁馨女士捐赠

　　1945 年 6 月，陈耀垣在重庆回首平生撰写《自传》，自述："此心所萦萦于怀者，惟冀国家昌盛、兆民康乐耳。一己之荣枯未尝以措意也。"

陈耀垣先生自传　王云五题

杨著昆、萧贺年夫妇合照

中华民国
纸质
纵20.4厘米，横25.4厘米
周世俊先生捐赠

★ 杨著昆（1854-1931）

名亚然，号镜堂，广东香山（今中山市）北台人。檀香山华侨，对革命支持甚力，孙中山曾授予奖章、奖牌。杨著昆四子杨仙逸（1892－1923），为孙中山革命政府航空局局长及飞机制造厂厂长，设计并主持装配中国第一架轻型侦察轰炸机"乐士文"号，后在东江前线牺牲，被誉为"革命空军之父"。

程君海故居

105

"帅傅遗居"木匾

中华民国
木质
纵 86 厘米，横 281 厘米，厚 7.2 厘米

　　邹鲁（1885－1954）题匾，原悬于程君海故居大门之上。2008 年 11 月，广东省人民政府公布程君海故居为广东省文物保护单位。

★ 程君海（1860－1932）

名步瀛，字守坚，别字籍笙，广东香山（今中山市）南朗人。孙中山在翠亨村冯氏宗祠村塾读书期间，程君海曾任塾师。护法运动期间，协助力劝海军总长程璧光支持孙中山。

106

旅美隆都少年演说社欢迎钟荣光合影

1913 年 10 月 27 日

纸质

纵 20 厘米，横 100.8 厘米

刘汉宁先生捐赠

★ **钟荣光（1866-1942）**

字惺可，广东香山（今中山市）小榄人。早年加入兴中会，创办《博闻报》《可报》等报刊宣传革命。曾任岭南学堂教务长、广东军政府教育司司长、岭南大学校长等。

梁龙腾照

1908 年 4 月 19 日
纸质
纵 20.1 厘米，横 15 厘米
梁富强先生捐赠

★ 梁龙腾（1874—1944）

号云溪，广东香山（今中山市）沙溪人。南洋华侨，曾任《中兴日报》《华暹日报》等编辑及主笔，与保皇派展开笔战；奉孙中山命入荷属各埠，协助成立同盟会机构。

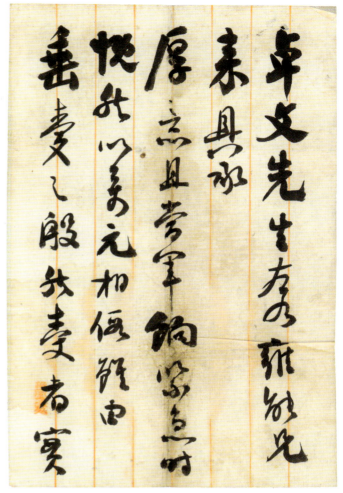 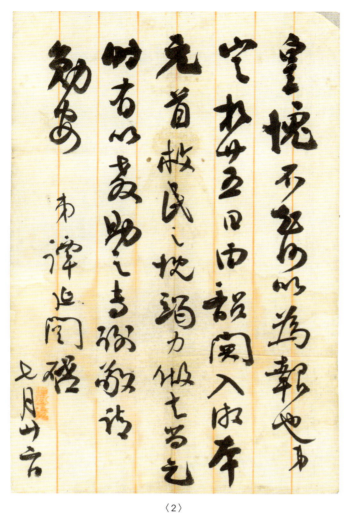

〈2〉　　　　　　　　　〈1〉

谭延闿致朱卓文函

1923 年 7 月 22 日

纸质

纵 25.5 厘米，横 17 厘米

王颂伟先生捐赠

　　1923 年 7 月，孙中山任命谭延闿为湖南省省长兼湘
军总司令，组织北伐讨贼军讨伐湖南地方军阀赵恒惕。
1923 年 7 月 25 日，谭延闿率领部队从韶关出发向湘境
挺进。此函落款时间 7 月 22 日，未注明年份，函中谭延
闿感谢朱卓文襄助军饷，并称将于 25 日经韶关入湖南，
应系写于 1923 年。捐赠人王颂伟为朱卓文外曾孙。

★ 谭延闿（1880－1930）

字组庵，湖南茶陵人。1911 年湖南光复后任湖南军
政府参议院院长、民政部部长，并曾三次出任湖南
督军。

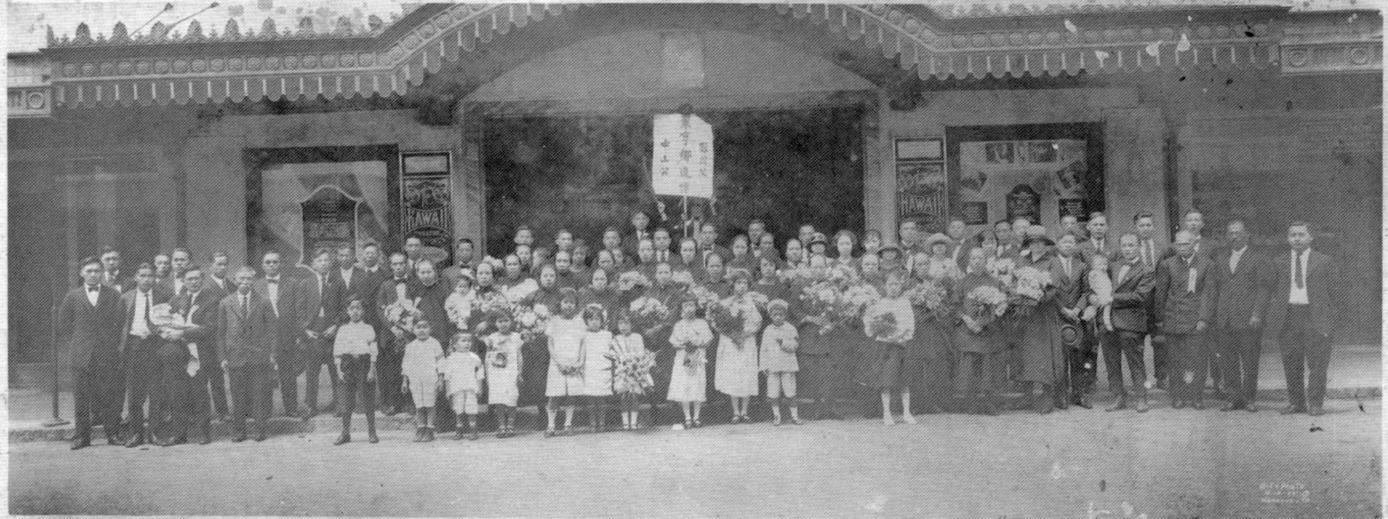
HAWAII
HAWAII

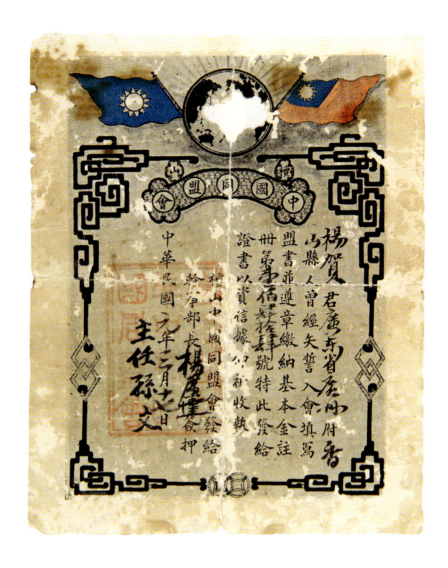

 110

檀香山中国同盟会会员杨贺的会员证

1912 年 3 月 17 日

纸质

纵 16.7 厘米，横 12.5 厘米

杨帝俊先生捐赠

★杨贺（1866—1946）

广东香山（今中山市）翠亨村人。孙中山幼年同学，

后赴檀香山谋生，1912 年加入中国同盟会。

陆天培遗嘱

1937 年 9 月 1 日
纸质
纵 53.4 厘米，横 45.4 厘米
陈迪秋女士捐赠

★陆天培

生卒不详，广东香山（今中山市）翠亨村人。旅美华侨，为兴中会会员、中国同盟会会员、中华革命军筹饷局筹饷干事等，发动华侨加入革命组织及在美募款以助军饷等甚力。在此遗嘱中，陆天培忆述追随孙中山革命的经历。

議取其地而沒之於官此蓋已清欺人之故枝固已司空見

慣兩未足為怪也惟我中華以信立國所有亡清種詐

偽無信之舉動應盡舉而屏棄之其簡人應得及固有

之私產無端而為清吏籍沒者亦應歸之原人所有此在

平民亦法律之所許況有功於漢族者乎今擬闢其荒無

歸諸有用設一陳列所於其間凡陵中及宮中故物悉舉而

紈之其紫金山之荒地係向歸朱氏管業者仍請

青令所司繼續勿替並查現在大總統一府即前清舊日

之督署該署向有官產房屋甚多俱租之於民人此項租

金在政府得之固為贅疣而無足於輕重故更請將其永

遠撥歸其朱氏子姓為修理陵寢及陳列所每年所開銷之

公費年中則由其管業人開列一度支清單呈報本府有司

以資稽核如其則一歲之所入除陵寢及陳列所間銷外猶

4

辛亥革命前后藏档

COLLECTION OF ARCHIVES AROUND THE REVOLUTION OF 1911

總統府庶務處處長未卓文為保存故物闔發崇風以

彰潛德兩表隆勳事竊自朱室不綱元胡竊柄入據神

器載祀百年明祖奮然首義於濠州枕戈嘗膽奔走於

國事者垂十餘年兩漢族山河於以乃定碩德崇功之惠

及於吾民者可謂盡矣於是建都金陵與民更始方謂

永奠邦基長留鴻業乃二百餘歲兩長白野人又復乘

閒抵隙遂彼黨殘傾覆我上邦蹂躪我宮闕遂使昔日之

莊嚴規模盡為狐貉營丘至今一過陵廟故宮有不念當

日締造之艱難而思所以保存而整理之者乎顧崇德報功

寶有待於後起之賢者也方今漢業重光大功告藏前人

手澤尚思寶存況一代光復之偉人而皆往其故物殘缺凋

零兩徒興喬黍之感已乎職員系出沛國對於明祖有一

姓之誼際此民國告成不自量力為朱氏倡竊欲舉其

廢兩鼎新之謹以愚見所及者一陳

鈞座馬查孝陵故址占地甚廣其紫金山附近之荒地當前

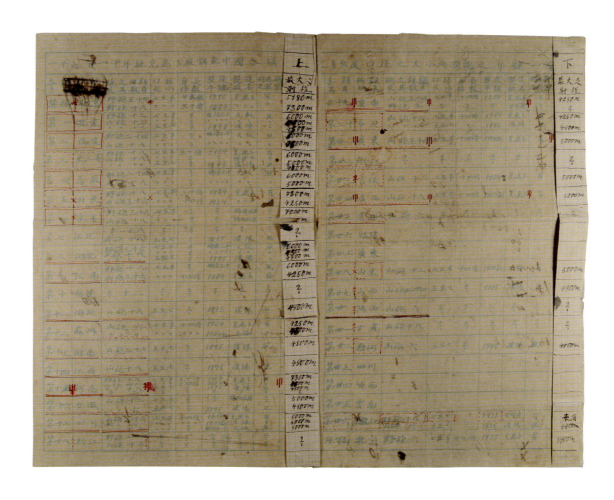

克鹿卜厂调查中国各镇枪数之多少及口径之大小与制造之年号一览表

I 1 2

1910 年

纸质

纵 33.2 厘米，横 42.2 厘米

德国克鹿卜兵工厂（Krupp Arsenal）调查中国各镇枪支情况表，涵盖各省份的清军部队，调查项目包括炮制种类及其数目、口径大小、身长倍数、制造年号、制造厂名、制造机之装置、间接瞄准圆规、最大射程等。

本地兵力調查表

年　月　日　經手員　調查

駐屯地址	統率員名	何級	馬步炮工輜重	兵數	軍械	數目	子藥數	經誰聯絡否
保定城內巡警	崔振鮮	局長	步兵	三千餘	雜式各槍	六百餘	全右	經李中堂團
保定城內團練	利長春	團長	步兵	七百	單筒舊槍	四百	全右	經李中堂團
保定東關外陸軍第二鎮	張貴卿字九齡	協統	步隊三營馬隊炮隊輜重	一千五百餘	日本三十年式五四六年式槍	二十支	每槍平均三百枚	奉李中堂路軍
第二鎮	鮑貴卿字□□	協統	馬步炮工輜重	一千一百	套筒舊新	一千一百	每槍平均三百枚	經李中堂路軍
淮軍 高青雲	高青雲	統帶	馬步炮隊	五百	同右	五百	每槍平均三百枚	經李中堂路軍
保定城內及西關陸軍	蕭會堂	管帶	馬步隊二營	二千五十	套筒舊新	五百	全右	經李中堂團
保定東門外練軍	秦少文 李洞源	外庫官 內庫官	步兵	二百五十餘	步陸砲槍	六百餘	未詳	行連絡
保定城內炮藥庫	盧永祥	協統	馬步炮隊二標	二千	步陸砲槍	二千餘	未詳	經李中堂團
山西大原陸軍第一鎮	唐天喜	統帶	馬步炮隊三營	二千餘	步陸砲槍六門	二千五百	未詳	正行連絡
天津巡防營	王汝勤	協統	步五營	八百	套筒舊新	二千五百	未詳	吳鳳嶺正朝督正
天津韓家墩軍浸協 北京兩大環陸軍	栗有益	協領	步五營	二千五百	毛里夏槍	三百六十	未詳	經連絡
天津第十標	王錫山	教練官	砲二協二營	三百六十餘	炮陸砲	三百六十餘	未詳	連路受□
渤海沿岸陸軍 軍滬海局北段 天津津通鐵路	曹錕	統制	砲二營工二營	四千餘	炮陸砲	三百六十	未詳	經蘭經營
第三鎮 軍獨立營 保定東門外陸軍第三鎮	曹建堂	管帶	步一營	五百	炮葉式槍	五百	三百枚每槍平均	經蘭經營已連路平

孙中山在美国使用的电报稿复写本

1911 年 4 月至 10 月

纸质

纵 17.6 厘米，横 21.3 厘米，厚 1.2 厘米

　　1911 年 4 月 18 日至 10 月 31 日间，孙中山在美国发出的电报底稿，有文字记录的共 76 页，电报总数为 57 件，内容主要是致各处致公堂、同盟会分会报告行踪、筹款以及有关外交事务等。

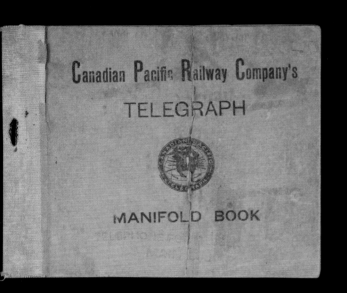

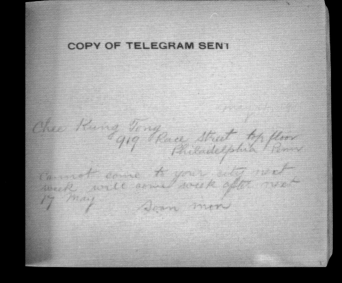

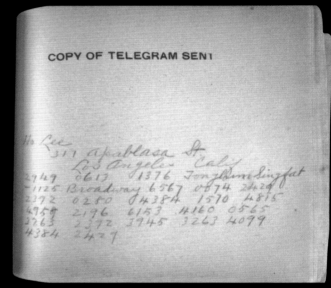

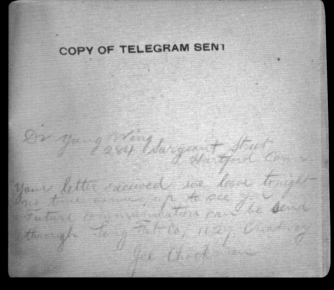

（选页）

115

孙中山在美国参加革命活动使用过的密电码

1911 年

纸质

纵 9.8 厘米，横 12.6 厘米

　　孙中山在美国参加革命活动使用的密电码。红、蓝两色对应的阿拉伯数字，分别代表一组电报暗码和明码。

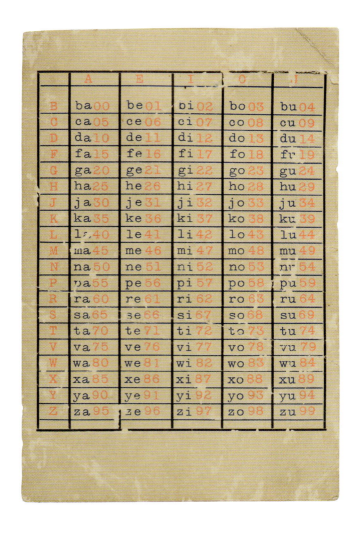

 116

孙中山在美国参加革命活动使用过的密电码

1911 年

纸质

纵 14.6 厘米，横 9.5 厘米

　　孙中山在美国参加革命活动使用的密电码。6列22行，红色阿拉伯数字代表相应的英文。

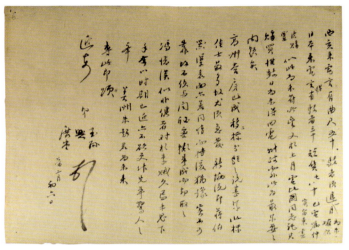

〈2〉　　　　　　　　　　　　　　〈1〉

〈4〉　　　　　　　　　　　　　　〈3〉

117

黄兴等致孙中山函

1911 年 3 月 6 日

纸质

纵 24.1 厘米，横 32.8 厘米

　　黄兴、胡汉民、赵声向孙中山报告广州起义筹备不
尽人意，各地所筹款项仍不足以应付起义所需，武器方
面购买甚难及国内联络与响应安排等情况。

〈4〉

〈3〉

〈7〉

118

黄兴致孙中山、冯自由绝笔书

1911 年 4 月 23 日

纸质

纵 20.5 厘米，横 25.3 厘米

广州起义前夕，胡汉民致函孙中山、冯自由，汇报起义的准备工作及进攻计划，提出愿克服筹款、器械之不足，与清军决拼。黄兴在胡汉民信末附笔若干，表

示："弟兴以事冗迫，未获详书以告，其大概与展兄无异。今夜拟入，成败既非所逆睹，惟望公珍卫，成则速回，败亦谋后起。弟本不材，于此次预备多有未周，厥咎殊深。奈事皆决议而行，非一人所能专断，幸各人挟有决死之志，或能补救，亦未可知。绝笔上言。"

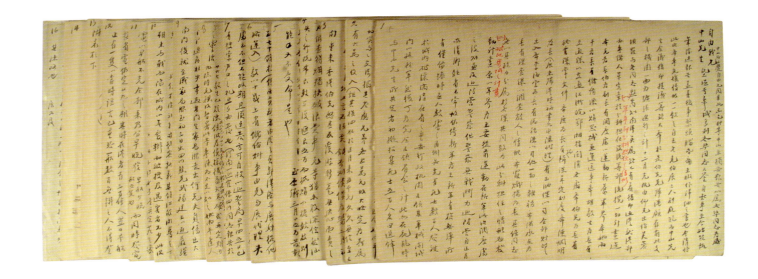

119

黄兴、胡汉民致孙中山等报告广州"三·二九"之役始末书

1911 年 5 月

纸质

纵 19.4 厘米，横 27.9 厘米

　　黄兴、胡汉民致孙中山及北美同志报告广州"三·二九"之役始末，内容含起义的军事分科负责、发动计划、预算支出、预算收入、选锋之召集、器械之运送接收、攻督署巷战之情形，并分析失败之原因，预算不足之原因等。

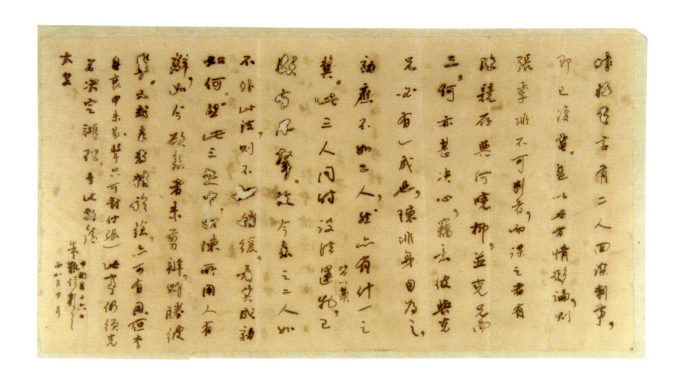

朱执信复孙中山函

1911 年 8 月 10 日
纸质
纵 13 厘米，横 23.6 厘米

广州"三·二九"起义失败后，黄兴欲行个人主义，暗杀广东总督张鸣岐、提督李准，孙中山从美国三藩市遣两同志返粤拟为黄兴代行谋刺。朱执信知悉后致函孙中山，提到黄兴、陈炯明、何天炯均已决意刺杀行动，建议孙中山先看成效，再作打算。

★ 朱执信（1885－1920）

原名大符，广东番禺人。1905年加入中国同盟会。担任《民报》撰稿人，发表系列文章，阐发三民主义。参加广州新军起义、黄花岗起义等。辛亥革命后，任广东军政府总参议、广东审计院院长等职。

宫崎寅藏复孙中山函

1911 年 9 月 27 日

纸质

纵 17.8 厘米，横 119.5 厘米

　　1911 年 9 月 12 日，孙中山曾致函宫崎寅藏，询问日本西园寺内阁对中国革命党的方针，并托犬养毅向当局交涉，以获准在日本居留。9 月 27 日，宫崎寅藏复函汇报各方态度，并认为"虽不可逆睹成败，非绝望"，"期努力必成"，请孙中山暂候。

★ 宫崎寅藏（1871-1922）

又名宫崎滔天，日本人。1897 年在日本结识孙中山。1900 年参与惠州起义。1902 年出版《三十三年之梦》一书，赞颂孙中山和中国革命。1905 年加入中国同盟会。武昌起义后，到中国支援，并出席孙中山临时大总统就职典礼。

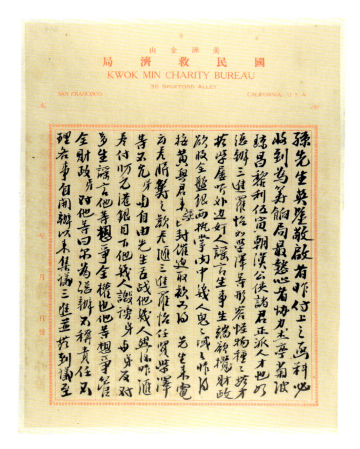

122

黄三德致孙中山函

1911 年 10 月 15 日
纸质
纵 28.4 厘米，横 21.5 厘米

　　1911 年 7 月，孙中山发动美洲同盟会与洪门致公堂联合在三藩市成立美洲洪门筹饷局（又名美洲中华革命军筹饷局，对外称国民救济局），主要职员包括总办朱三进、罗敦怡，监督黄三德，会计李是男等。由孙中山率黄芸苏等人分途在南北各埠演说筹款，为在国内发动更大规模的起义做准备。此为孙中山在筹款途中收到黄三德有关筹饷局内部斗争等情况的函件。

★ 黄三德（1863－1946）

字传锦，广东新宁（今台山），旅美华侨，美洲致公堂的领袖之一。1904 年 4 月，孙中山在三藩市被美国移民局拘禁期间，为孙奔走，使其获准入境。1911 年与孙中山共组洪门筹饷局，协力筹款救国。

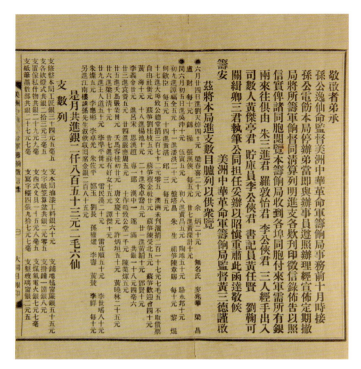

123 《美洲金山国民救济局革命军筹饷征信录》

1912 年

纸质

纵 24.7 厘米，横 24.7 厘米

　　美洲洪门筹饷局成立后，孙中山与筹饷局人员于9月从三藩市出发，辗转美国南北各埠演说筹款，历时 7 个多月。1912 年，筹饷局人员将全部募捐登记册收齐汇总，印制《美洲金山国民救济局革命军筹饷征信录》。据征信录统计，共募得 144130.41 美元，支出140215.3 美元。

謹將海軍各艦艦長及次長職銜姓名開列清摺呈請

鈞鑒

計開

艦名	艦長	次長
海圻	林永謨	陳鵬翔　黃後川　鈕錫珪　甘於沺
海容	杜錫珪	
海籌	林頌莊	
建安	林國賡	潘漢　葉祖珪
通濟	萬兆文	梁大順　趙士金　陳士升
鏡清	鄭碩昭	何兆相　許繼清
飛鷹	曹兆瀾	謝葆璋　林宗庚
南琛	林建章	王念鏜
建威	林炳鑅	張北宸　王念鏜　鄔輪
海琛	林葆懌	陳朝光
江元	郭邦彥	陳湖汾
江亨	溫樹德	陳土根
江利	朱天森	唐翰林
江貞	周兆瑞	鄔舍
楚謙	王朝珍	劉矢安
楚同	楊樹莊	黃鐘瑄
楚泰	何廣成	唐有心
楚有	鄔珧	文國祥
辰	葉實	英士俊
宿	方佑生	周國鈞
列	王鋭	周邦懋
湖鵬	盧詢卿	田士拔
湖鶚	陳世英	許應嶽
湖鷹	杜宗凱	劉遠源　錢忠道
廿長	卓文萃	毛鎮才　唐成泰

124

海军部呈报孙中山之海军各舰指挥官名单
清摺

1912 年

纸质

纵 22.4 厘米，横 78.5 厘米

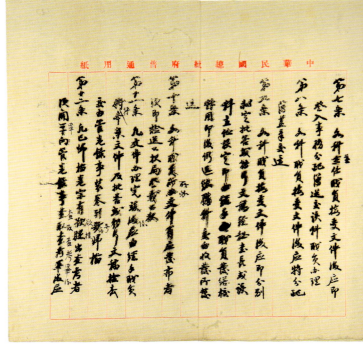

〈3〉

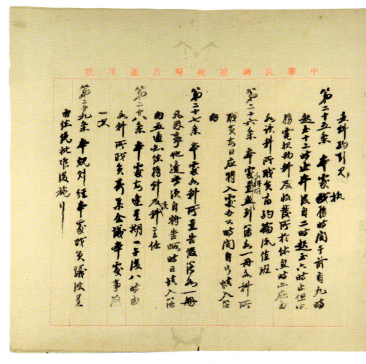

〈6〉

南京总统府秘书处暂行章程

1912 年

纸质

纵 29 厘米，横 31.4 厘米

〈1〉

總統府秘書廳暫行章程

第一條　秘書廳直隸秘書長一人承總統之命
掌理本廳事務并監督所屬職員

第二條　本廳事務分為七科二廳分治其事
一　總務科
二　軍事科
三　財政科
四　民政科
五　外交科
六　通譯科
七　電報科　附設電報廳歸本科直轄
八　收發所
九　招待所

第三條　各科所辦各項公文均由秘書長分別
秘書長之命辦理之

〈2〉

第四條　凡本府所發文件均由收發所
收發并登記各存卷以備查考其繕寫
及繕寫後收發文件或就送文件有必需限由
各科自行繕寫者亦聽但於發文件一律由收發所
人員分別主管呈遞

第五條　收發所所收之文件須將簡由反面
黏入表冊呈秘書長或秘書分交各科
此外所有收入及發出文件仍由收發各登
人目向主管官吏收遞

第六條　凡繕寫繕變之文面仲均由各科主任
簽章呈閱後付繕繕畢秘書長知其
宴緊要事項送呈總統或秘書長知其
係例事即由科員及科主任逕發誤計之後藏責

餘詳

〈4〉

傷之後續事宜歸原擬之稿不能自取愈也

第七條　凡中級經武秘書廳設秘書長一人承
第八條　至少兩人十一科分辦之
電報處事務分外收電科陳保將電延由
負收處送就送於其係稿之法電稿收電稿

第九條　凡本府所收電稿陳保將電延由
電稿處收就送於其係稿之法電稿收電稿

第十條　收電科所收電稿詢並變由總科
所由及各電人員查所生入收電底

第十一條　收電科接變電稿陳保收應送交
居案並記事項

第十六條　收電科接變電稿陳保收應存之
收電稿所收之稿陳保將電變由總科
分別以各電人員查所生入收電底

第十七條　總務科辦理接發並記各辦本記

第十八條　凡電稿所收變收電長醫底

偶之

〈5〉

分別擬定回覆或附行電擬於入該
科發電稿陳繕錄秘老本式該科主
任核定將文或由普電戰負省送

第十九條　凡接電稿陳保老中經手秘負省送
併詢驛站附註來電號數以便查政

第二十條　凡電稿所收憲核政經手秘負應
將原電傳由秘書記各科抄入來電底
仍按件到號紀錄稿

第二十一條　凡所收電稿須領須發布報查
由經手秘負詳量將由老式或該科
抄局及其他各帳站收批

第二十二條　本科各科文件電稿陳保收異稱
不得往意都閲

第二十三條　凡各科至十五條辦理

第二十四條　凡往統來賓約由技將負閱歷覽

Hartford, Connecticut,
January 2nd, 1912.

His Excellency
Sun Yat Sen,
Shanghai, China.

Dear Sir:--

You have been providentially called upon to head
this wonderful Revolution which, within a short time, has
reduced the Manchu regime to a cringing suppliant.

On the one hand, you have in behalf of 450,000,000
of the people of China, who have suffered oppression and de-
pression for nearly three centuries, cried for a Republic, to
give them freedom and independence for relief. Now that you
have got these Manchus under your heels, let no political
trimmers, however able and plausible their representations
may be, entice you from your original and steadfast purpose of
calling for a Republic. They may tell you that a Constitutional
Monarchy is more in consonance with your national antecedence,
more in harmony with your national tradition and associations;
that a Constitutional Monarchy with a Privy Council, headed by
such a man as Yuan Shi Kai as Premier, would guarantee you
all the political safeguards promised. Don't you believe
a word of this. Put no trust whatever in what Yuan Shi Kai
may say to you through Tong Shao Yi, his mouthpiece. You
may be sure they are all on the make. Who is Yuan Shi Kai?
Did he not play the traitor to his master, the Emperor Kwang Shu,
in 1898? Ought a traitor to be trusted? He is the man so
much admired by the foreign diplomats in Pekin, who took
advantage of the crumbling Manchu Dynasty, exacting by all manner
of ingenious feignings till he got hold of the Premiership of
the miserable opium sot, Prince Ching, then his lame leg all
at once got well; he was able to move about trying to prop
up the odious Manchu Machine, to take in China once more,
having him as the chauffeur, to manipulate. Is such a man
of deep designs to be trusted? He ought to be banished with
the banished Manchus. His name, "Yuan", ought to be expunged
from the national record of family names. He ought to be
branded as a traitor in history, and forever held in execration
by posterity.

The people of China in the plenitude of its
sovereignty have called for a Republic and you, their Leaders,
have seconded the call. The people's voice is the voice of
God. (Vox populi, Vox Dei). Therefore, follow that voice and
you will be all right. But there is yet another still, small
voice, humming in my mind, which demands peremptory enunci-
ation. It is this: After you have finished your glorious work
of the disposal of the political power of the Manchus in China,

-2-

it is absolutely necessary that you should cling to each other
closer than brothers. Under no circumstances and under no
provocations whatever should you fall out with each other,
plunge into intestine feuds and civil war.

I need not picture to you the dire consequences
of anarchy and chaos. You know what they are yourselves. An
internecine war is sure to bring on foreign intervention,
which means partition of this magnificent country which a wise
Providence has kept in reserve for the Chinese race, to build
up a model Republic. Think of the glorious work your Revolution
has opened up for you and posterity!

May He who rules all things, keep you in His fear
and love, and finally gather you all in the fold of Christ
who is the sum and substance of all things.

Faithfully yours,

Yung Wing

容闳致孙中山函

1912 年 1 月 2 日

纸质

纵 26.8 厘米，横 20.5 厘米

容闳祝贺孙中山当选中华民国临时大总统，对新
生的共和政府面临的国际形势以及军队、财政等问题
提出建议，推荐儿子容觐槐回国效力及协助在美国争取
贷款。

★ 容闳（1828-1912）

字达萌，广东香山南屏（今属珠海市）人。1854 年
毕业于美国耶鲁学院（今耶鲁大学），近代著名的教
育家、外交家和社会活动家，被誉为"中国留学生
之父"。

域多利致公总堂致孙中山函

1912 年 1 月 9 日

纸质

纵 23.6 厘米，横 31.3 厘米

　　域多利致公总堂祝贺孙中山当选中华民国临时大总统。该堂曾以公产楼宇抵押，支援黄花岗起义。

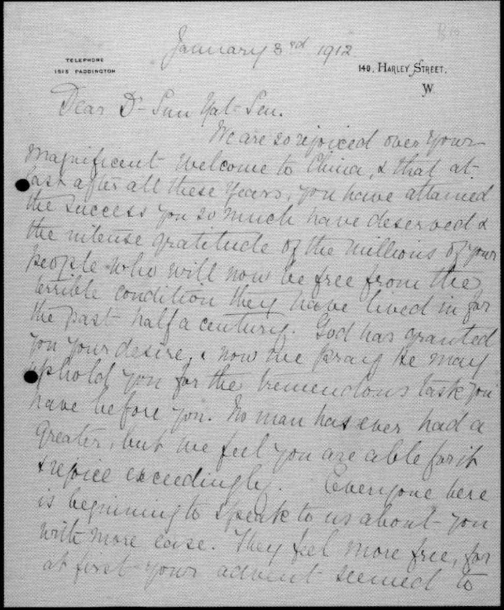

〈1〉

〈2〉

〈3〉

〈4〉

康德黎夫人致孙中山函

1912 年 1 月 3 日

纸质

纵 25.5 厘米，横 20.4 厘米

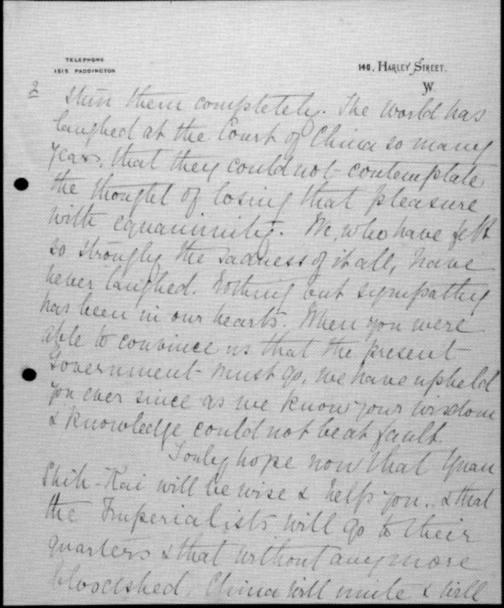

康德黎夫人梅布尔·巴克利祝贺孙中山荣任中华民

★ 康德黎（James Cantlie，1851－1926）

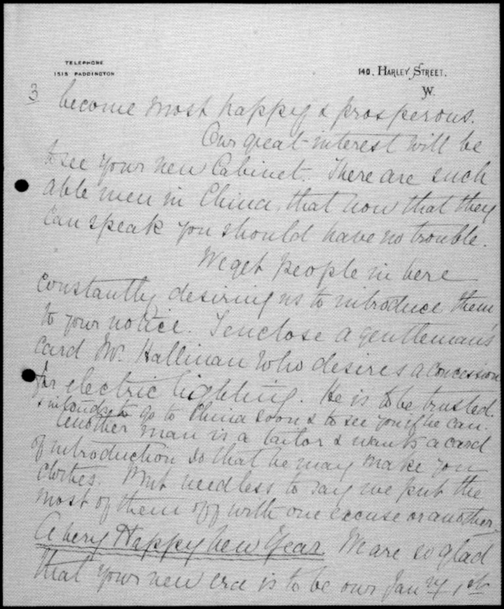

英国人，孙中山就读于香港西医书院时，任教务长。

1896 年，孙中山被清政府驻英公使馆囚禁，康德黎

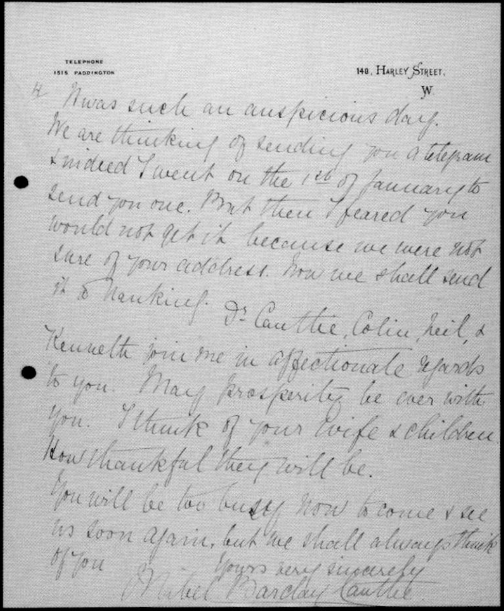

与夫人等获知消息后，多方营救，使孙中山脱险。

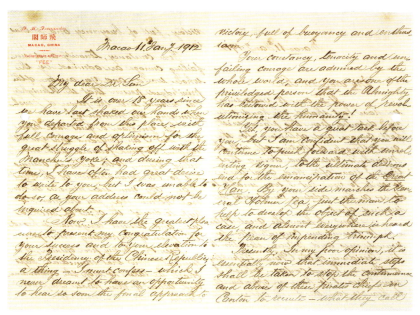

（正面）

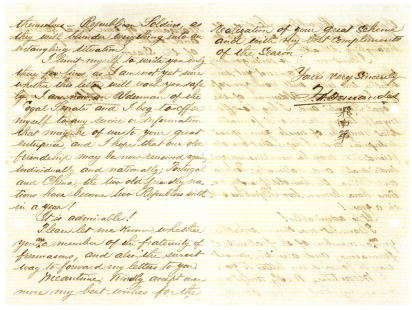

（反面）

129

飞南第致孙中山函

1912 年 1 月 11 日

纸质

纵 21.5 厘米，横 27.9 厘米

　　飞南第祝贺孙中山当选中华民国临时大总统，并建议在广州制止以民军的名义继续招募新兵。

★ 飞南第（Francisco H. Fernandes, 1863–1923）

澳门土生葡人。1892 年，代孙中山申请澳门行医执照。1893 年创办澳门《镜海丛报》，曾刊登有关孙中山在澳门行医和他早期革命活动的消息。1895 年广州起义失败，孙中山抵澳门，得其帮助避走国外脱险。

〈1〉　　　　　　　　　〈2〉　　　　　　　　　〈3〉

130

宋嘉树致孙中山函

1912 年 1 月 12 日
纸质
纵 28 厘米，横 21 厘米

　　1911 年 12 月，孙中山在上海期间，曾请宋嘉树了解在华传教士对革命的态度。此函中，宋嘉树报告称传教士普遍赞成共和，只要保证他们的生命财产不受损害，各国列强不会干涉中国；谈及女儿宋蔼龄正在排练英文剧为新生的军政府筹款，拟携女到南京拜访。

★ 宋嘉树（1861—1918）

号耀如，广东文昌（今属海南）人，宋庆龄的父亲。1894 年前后与孙中山结识，遂成志同道合的同志、朋友。兴中会、中国同盟会会员，倾力支持革命。

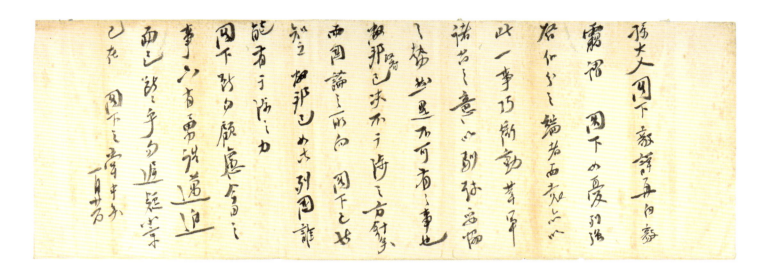

犬养毅致孙中山函

1912 年 1 月 21 日

纸质

纵 19 厘米，横 55 厘米

　　民国成立之初，孙中山希望争取各国的支持。犬养
毅致函孙中山，告知日本已决定采取不干涉政策，其余
各国没有干涉能力，不必顾虑。

★ 犬养毅（1855－1932）

号木堂，最早关注孙中山和中国革命的日本人之一。
辛亥革命爆发后，积极劝阻日本政府"援北抑南"。
中华民国成立后，孙中山拟任其为政治顾问，但被
婉拒。

〈3〉

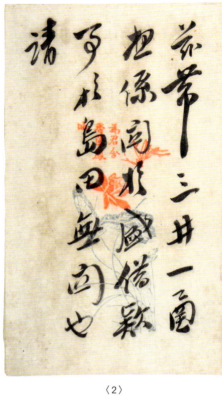

〈2〉

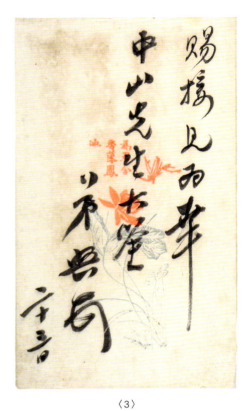

〈1〉

132

黄兴致孙中山函

1912 年 1 月 23 日
纸质
纵 21.5 厘米，横 12.3 厘米

　　时任南京临时政府陆军部总长兼参谋长的黄兴，向孙中山介绍日本同志岛田经一，并称关于购买武器，只待款有着落即可定。因岛田将转交一封有关盛宣怀借款事的函件，请孙中山予以接见。

大總統孫先生　鑒

竊維武漢起以來接應者十餘省惟是滿洲未
滅北京未破此則心腹之患而各省俱起此代
之師誓破胡虜之巢建為共和之圖而需歇
孔殷為我中國人民應當擔一份子義務然
星洲一埠僑居中國之民亦應相一份之義務
而易界有廣東救濟捐福建保安捐然我女界
亦中國一份子　同人等　故持倡女界救濟捐
以來以達末萬餘元經在前月以滙港紙式萬元
交廣東陳都督收現仍有四五仟元及上月籍
演戲籌歇約有卅仟元右肉有式仟右元係要賣
圓債票兩歇約多零天滙至上海中華銀行轉
交
大總統收爲北代之用令承瞿羅陳戴之昌返圓
修上庇㑇　恭祝
中國共和萬萬歲

如蒙復音寄星那華賜會館便可

中華民軍九月　苦勞佩華
李矯　同人等頌
趙陳氏
盧子珊

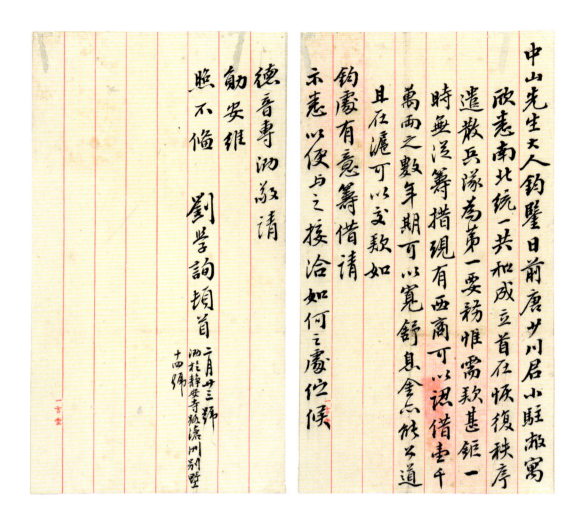

134

刘学询致孙中山函

1912 年 2 月 23 日

纸质

纵 23.5 厘米，横 12.5 厘米

　　刘学询认为共和成立，首在恢复秩序，遣散兵队，惟需款甚巨，向孙中山提出愿意协助筹借外款。

★ **刘学询（1855－1935）**

字问刍，广东香山（今中山市）古鹤村人。早年与孙中山相识，加入孙中山在广州创办的农学会，曾以财力支持孙中山领导的革命运动。

135

龙济光等致孙中山函

1912 年 3 月 1 日

纸质

纵 22 厘米，横 12.2 厘米

广东统制龙济光、广西都督陆荣廷、广西镇统龙
觐光等代表粤东社会各界，举荐孙眉出任广东都督；
拟派北伐联军团长金镕谒见，报告粤东情形。

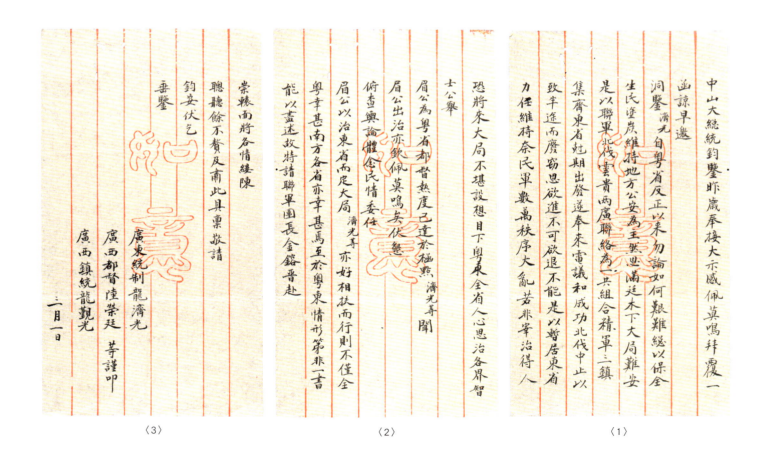

〈3〉　　　　〈2〉　　　　〈1〉

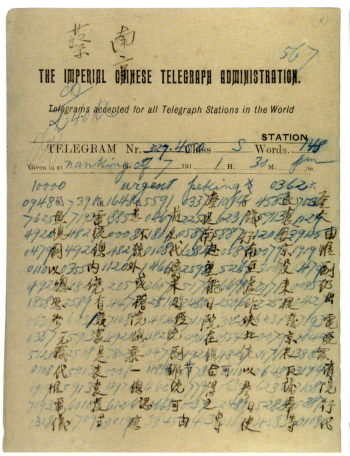
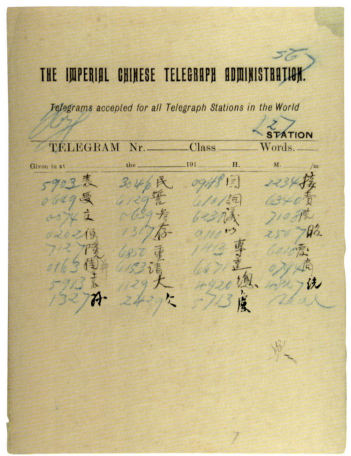

孙中山致蔡元培电

1912 年 3 月 7 日
纸质
纵 26.6 厘米，横 19.4 厘米

　　1912 年 2 月 13 日，清廷公布退位诏书，孙中山随即向参议院辞职并推荐袁世凯继任临时大总统。孙中山主张定都南京，要求袁世凯亲到南京受任。袁世凯出于政治上的需要坚持定都北京，借口北京地区秩序未定，拒绝往南京任职。此为 1912 年 3 月 7 日，孙中山关于南京参议院同意袁世凯在北京就职事致蔡元培电。

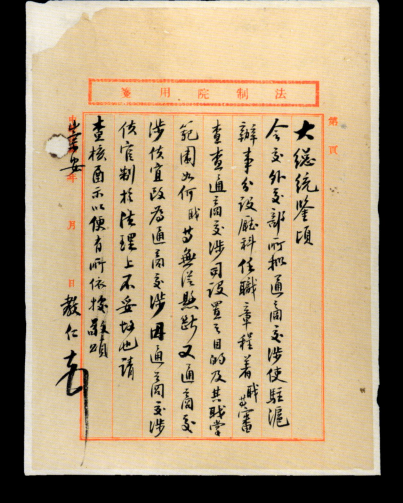

宋教仁致孙中山函

1912 年

纸质

纵 27.1 厘米，横 19.2 厘米

　　1912 年 3 月 24 日，孙中山令法制局审查外交部所拟《通商交涉使驻沪办事分设厅科任职章程》。宋教仁复函表示对通商交涉司设置之目的及其职责范围无从悬断，建议将"通商交涉使"改为"通商交涉"。

★ 宋教仁（1882-1913）

字遯初，湖南桃源人。1904 年参与创立华兴会。1905 年参加发起中国同盟会。1911 年参与组织中国同盟会中部总会。1912 年任南京临时政府法制局局长；8 月，同盟会改组国民党，被推为理事，并由孙中山委为代理理事长。1913 年在上海遇刺身亡。

广东讨虏军司令部第一号战斗详报

1912 年 3 月

纸质

纵 27 厘米，横 19 厘米

　　1911 年 11 月，广东宣布独立，成立军政府，并组建广东北伐军。1911 年 12 月 8 日，广东北伐军从广州出师北上，在 1912 年 1 月的固镇、宿州和徐州战役中，三战三捷，击败清军张勋、倪嗣冲所部。

　　南北议和协议达成后，广东北伐军更名为"广东讨虏军"。此为广东讨虏军有关固镇战役的战斗详报，介绍两军兵力、战斗经过等情况。

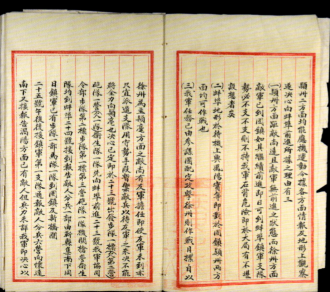

恐緩不濟急 弟与朝日商會面商儗將
敝族產業靳交日商抵押一欵竭力捐助
俟有就緒仰行奉請
尊處轉交上海華洋義振會查收趕連散放
明知杯水車薪然一元可活一命得之則生不
得則死盡于曰先生有不忍人之心斯有不
忍人之政以忠度之
公如大禹飢溺吾懷諒必能贊其成此耑請
大安
　　盛宣懷又叩

敬再啓者近閱東西洋報載江皖一帶
災荒甚重饑民多食樹葉餓莩載道
慘不忍言大約去年江淮大水潰破多處
提岸用兵之後各力儧築帅闾楼潰東
西人士閒風勃捐分人且如此熱心凡我同
胞能無感動痛惜我
以建業江南碩此添離赤子皆在恐天
雲天覆載之中俾軍事初定用救法莫尚

盛宣懷致孫中山函

1912 年 3 月

纸质

纵 22.4 厘米，横 15.1 厘米

　　盛宣怀通过报章了解到江皖一带因水患灾荒不断，饿莩遍地，惨不忍睹，特致函孙中山，表示拟抵押家族产业予日本朝日商会，捐资纾解江皖灾情。

★ 盛宣怀（1844-1916）

字杏荪，号愚斋，江苏武进（今常州）人。洋务派代表人物，近代实业家，创办中国最早的轮船、电报、煤矿、冶炼、铁路、纺织、银行等近代新兴事业，创办两所近代大学——北洋大学堂和南洋公学。

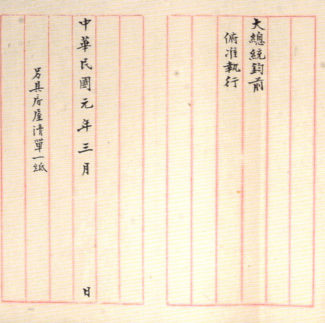

責令所司繼續勿替並查現在大總統一府即前清舊日
之督署該署向有官產房屋甚多俱租之於民人此項租
金在政府得之固為贅疣而無足於輕重故更請將其永
遠撥歸其朱氏子姓為修理陵寢及陳列所每年所開銷之
公費年中則由其營業人開列一度支清單呈報本府有司
以資稽核如其則一歲之所入除陵寢及陳列所開銷外猶
足以贍其子孫而報德崇功策勵勲勞之至念亦於是乎
盡矣查彼滿洲之優待條件內開崇陵工程一條給鉅款
至於二百萬兩今殺所請僅如太倉之一粟無捐國家於
秋毫輕重相衡似應

俯允

先生深明大義知無待職員之續請而已見執行也謹呈

大總統鈞前
俯准執行

中華民國元年三月　　日

另具府屋清單一紙

140

朱卓文呈孙中山文

1912 年 3 月

纸质

總統所庶務處處長朱文為保存故物關發業風以
彰潤德兩朝隆勳事蹟自朱室不綱元胡竊柄入據神
器載祀百年明祖奮然首義於濠州枕戈嘗膽奔走於
國事者垂十餘年而漢族山河於以定碩德崇功之惠
及於吾氏者可謂盡矣於是建都金陵與民更始方謂
永奠邦基長留鴻業乃二百餘歲而長白野人又復乘

閒抵隙遂俾党残傾覆我上邦蹂躏我宫闕遂使昔日之
莊嚴規模盡為狐貉營兵至今一過陵廟故宫有不念舊
目繼造之艱難而思所以保存而整理之者乎領崇德報功
寶有待於後起之腎者也方今漢業重光大功告藏前人
手澤尚實存況一代光復之偉人而胄往其故物残關
零兩徒興禾黍之感已乎職員系出沛國對於明祖有一

姓之誼隆此民國告成不目量刀為朱氏倡竊欲舉其
廢而鼎新之謹以愚見所及者一陳

鈞座馬查孝陵故址占地甚廣其紫金山附近之荒地當前
清入關之初曾撥歸其朱氏嗣人管理以歲之所入為春
秋兩礼之蒸嘗近年代漸湮其宗支亦漸衰落逾廢前
議取其地而沒之於官此蓋已清散人之故枝圖已可知見

慣兩未足為怪也惟我中華以信立國所有亡清種種
偌無信之舉動應盡舉而屏棄之其人應得及國有
之私崖無端而為清史稍没者亦應歸之原人所有此在

广州香山公会辑《香山东海十六沙居民五十余年之痛史》

1912 年 4 月至 5 月
纸质
纵 24.2 厘米，横 26 厘米

　　在香山县北部，经珠江水流挟带的泥沙长期淤积而形成大面积沙洲，称为"东海十六沙"，各沙洲多开垦成田，即沙田。因部分沙田为邻县顺德农民耕种，两县争夺护沙权（武装缉捕权）和征税权由来已久。民国成立后，广东香山公会辑《香山东海十六沙居民五十余年之痛史》呈孙中山。

香山東海十六沙居民五十餘年之痛史

異縣專制

地權喪失

跬步不能自由

十餘萬人之恥辱

香山全屬之羞也

嗚呼中國民族受異族政治專制二百六十餘年矣我香山東
海十六沙民族受異縣方紳專制黯無天日者五十餘年較政
治專制其又甚焉不知地權各有專屬名器不可假今雖世
界日趨大同然未有區域混淆而可施行政治者東海地面我
香山區域地村鄉沙所以數十計居民男婦十餘萬人自界紹
興置縣以來經歷數朝兩有賦稅詞訟權皆隸香山
縣管轄該沙田四五六百頃居民多務農為業見夫國體
不堅盜窃頻仍也困各就本沙聯合農民設立沙夫担任看護
賠償之責名曰沙骨東海沙骨創自前清道光中葉聯合各沙田畝每畝捐穀八勵催
人充當沙夫沙內禾稻如有損失即由沙夫于所損穀內賠償

是即省垣各甫聯保火險之法月與業戶何涉又見夫沙匪猖獗掳掠刼送走也復聯合各沙農
民設立巡船勇丁担任巡邏緝捕之責名曰捕費東海捕費創自前清
數沙當每畝捐穀八分設巡船數隻易易常川駐守以自衛業戶何沙由佃戶公舉附近沙丁各鄉
復是即省垣各甫聯保火險之法與東海捕費仍聯合
傳奉命佃粵辦理詳務透乘間覘覦借政治專制魔力演成方紳
局約分段叠理已悉數百年此皆佃戶自捐自衛從來向業戶抽收
故業戶並不過問詎前清嘉慶道光年間心不自逸起釁為逞
東海經費紛爭之始其時沙約或正時值咸豐初年順德虎紳羅慎衍龍元
喜哥桂洲或丘大貞圖而乘間仍歸香山
專制姜明前朝假業主名義在順德城設立護沙公約將香山
佃戶自捐自衛之東海十六沙沙骨捕費擅賣擅奪而去
厥後復將我邑各鄉子沙沙骨捕費蠶食殆盡則照舊抽收繼則逐
至妄揑捕詞奉有業可擔獲猶未其名各照清價附鄉附鄉之
治初年始被魯法網誅鋤名子沙沙保沙光緒末年始被誅鋤
不被其誣設也始不順復復食貪大開設約始于春命佃粵之原時以大群
瑞升之生親任個優大開設必始不通厥後復食貪食委食西海八沙小攬
康乾年始被魯法個優大開設其忠委食西海八沙小攬
而出自業戶者每畝抽銀二分約收約後加東海捕費每畝抽費每畝抽費八分歸誅約後加
錢四分鴨埠每畝抽銀七八分合計每畝抽數已至銀六錢有奇
漸加重至光緒末年沙骨每畝抽設壹十二舨八九兩現在
早速抽穀三斤晚造抽穀五斤三合抽米一斗而折抽三斤八分捕費每畝抽設壹十二舨八九兩方田
九毛壹毛每畝抽穀二十斤八九兩現時價歸銀各錢有奇
戟之前清錢糧多至八倍捐多至二十餘倍而之沙
捐亦多至三倍前清地丁錢糧每畝六分零連美不過一錢二分零厥後加收加收捐
前清時廣府傳光緒二九年每畝連加二錢四毛又順德保安局費三分加
二錢四分業戶催出二分有奇約未呈奉誰詳沙骨鴨埠全歸佃戶開出沙自捐自
備矣謹敘如左沙其名各照清價附鄉附鄉相爭奉有業可擔獲鄉始
過四分分議約每畝敲到三分最重之沙一錢二毛零厥貳最重之
餘但出自佃戶試問有何人理試問有何人理歲入至三十餘萬元而歲出不過十餘萬而已收支
時興人大獄順德風泉焉刼紳數年立約諸紳數年立約
餘但出自佃戶試問有何人理歲入至三十餘萬元而歲出不過十餘萬而已收支

陈景华致孙中山函

1912 年 6 月 11 日
纸质
纵 14.8 厘米，横 21 厘米

　　1895 年乙未广州起义失败后，孙中山有感于创设宣传机关之必要，于 1899 年派陈少白到香港筹办机关报。1900 年，《中国报》在香港发行，报名取 "中国者中国人之中国" 之义，分日报、旬报两种，陈少白任主编。1912 年，社址迁移到广州。在此函中，陈景华称

《中国日报》迁到广州后，委人不当，成为反政府机关，特请孙中山直接干涉，保全该报名誉。

★ **陈景华（1865-1913）**
字陆畦，广东香山南屏（今属珠海市）人。曾在香港暗中从事革命活动。1912 年广东光复后出任警察厅长。

中华民国铁道协会致孙中山函

1912 年 7 月 18 日

纸质

纵 23 厘米，横 15.4 厘米

　　1912 年 7 月 17 日，中华民国铁道协会开会选举孙中山为会长、黄兴为副会长，定于 7 月 22 日在上海靶子路（今武进路）宸虹园开欢迎会，特函请孙中山出席，共商该会进行之方针，图谋铁道之发展。

(2)

纷纷但织奋力等備救國之

之野心謀我疆作為百近

侵害作戰佈偽向豐會鮮

美國報章但未得其詳今

聞請於侄中並示甚喜郡

為四念寿此順問

近安

擎十有九

5

红色文物

RED CULTURAL RELICS

杨殷用过的手提皮箱

中华民国
皮质
纵 32 厘米，横 51 厘米，高 15 厘米
杨爱兰女士捐赠

★ 杨殷（1892-1929）
又名观恩，字典乐，号命夔，1892 年 8 月生于广东香山（今中山市）翠亨村。早年追随孙中山革命，1922 年上半年加入中国共产党。在中共六大后曾经担任中央政治局候补常委、常委，中央军事部部长，中央军委委员、主任等职，1929 年 8 月 30 日壮烈牺牲。捐赠人杨爱兰为杨殷之女。

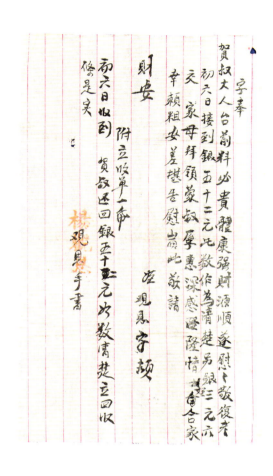

145

杨殷致杨贺信（附致杨启寿的收据）

1912 年前后

纸质

信函纵 21.6 厘米，横 12.7 厘米

收据纵 24 厘米，横 7.5 厘米

杨帝俊先生捐赠

　　杨殷少年时代关于收到还款事致四叔杨贺函以及致七叔祖杨启寿的收据。这是目前发现杨殷最早的亲笔信函。

杨殷战友李少棠穿过的衣服

中华民国

布质

衣身长82厘米，下摆宽56厘米

杨爱兰女士捐赠

★ 李少棠

原为香港车衣女工，在杨殷的帮助培养下加入中国共产党，成长为秘密通讯员。在1927年广州起义中，李少棠奉杨殷之命来往于各个情报联络站之间，传递消息。

147

蔡北焕致阮金权函

1931 年 11 月 9 日

纸质

纵 28 厘米，横 21.4 厘米

　　1931 年，日军发动"九·一八事变"，侵占我国东北地区。蔡北焕从秘鲁致函表兄阮金权，称秘鲁华侨听闻日本侵略我国疆土，建立抗日救国组织，筹款救国，并致电国民政府要求一致对外等。

★ 阮金权（1897—1952）

字觐康，广东香山（今中山市）沙溪象角村人，秘鲁介休埠爱国华侨，抗战期间积极发动华侨参加抗日救国。

杨东、谭杏夫妇与子女合影

中华民国

纸质

纵 15.3 厘米，横 10.9 厘米

　　翠亨村杨东、谭杏夫妇及儿女一家八口积极投身中国共产党领导的抗日工作，两个儿子杨日韶、杨日暲在抗战中英勇牺牲，他们一家被称为翠亨抗日"杨家将"。

★ 杨东（1891-1957）

字振光，又名旭升，广东香山（今中山市）翠亨村人。

★ 谭杏（1896-1996）

原名谭兆嫦，后改名谭杏，香山崖口村人。1915年，杨东与谭杏结婚，婚后育有杨日松、杨日韶、杨日暲、杨日增、杨日昕、杨日芳六个子女。

149

杨日韶照

1937 年 7 月

纸质

纵 8 厘米，横 5.9 厘米

150

杨日韶的姓名章

中华民国

石质

纵 1.4 厘米，横 1.4 厘米，高 2.9 厘米

★ 杨日韶（1918–1942）

广东香山（今中山市）翠亨村人。1938 年加入中国
共产党。1939 年先后任五桂山抗日游击大队中队长、
中共南番中顺中心县委直接领导的抗日游击队第一
主力中队中队长。1942 年在夜袭浮墟战斗中牺牲，
年仅 24 岁。

151

杨日暲照

中华民国
纸质
纵 5.3 厘米，横 4 厘米

152

杨日暲的姓名章

中华民国
石质
纵 1.4 厘米，横 1.4 厘米，高 3.8 厘米

★ **杨日暲（1919-1944）**

广东香山（今中山市）翠亨村人。1941 年参加中山抗
日游击队，同年 7 月加入中国共产党。先后任中共南
番中顺中心县委领导的中山抗日游击大队第一中队副
中队长、中山人民抗日义勇大队仲恺中队中队长等。
多次参加抗击日军、伪军战斗，表现出色，曾被评为
义勇大队战斗模范。1944 年 4 月 15 日，在袭击张溪
敌伪战斗中牺牲，年仅 25 岁。

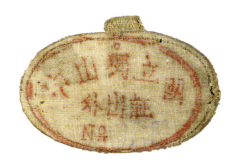

中国人民解放军中山独立团外出证

解放战争时期

布质

纵 5.4 厘米，横 7.7 厘米

　　1949 年 9 月，中国人民解放军粤赣湘边纵队中山独立团成立。10 月 30 日，中山独立团配合中国人民解放军两广纵队南下大军解放了中山。此为中山独立团外出证，一面盖"中山独立团外出证"章，一面盖"中国人民解放军粤赣湘边纵队中山独立团□"章。

中山縣岐關車路有限公司

董事長　陳柒枝

總司理　鄭芸蘇

司庫　鄭于圣

中華民國貳拾年壹月壹日於

6

票证、邮品
BONDS, RECEIPTS AND PHILATELIC PRODUCTS

（正面）

（反面）

中华革命军壹百元银票

1906 年

纸质

纵 12 厘米，横 20 厘米

　　1906 年，孙中山在法属安南西贡（今越南胡志明市）委托法国人印制了一批债券，印成后加盖蓝色"中华革命军银票 壹百元"小章。主要用于黄冈、镇南关、河口诸役筹饷。

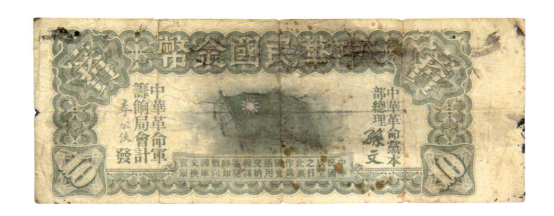

155

中华革命军筹饷局发行的中华民国金币拾元券

1911年
纸质
纵8厘米，横20.5厘米
孙文祝先生捐赠

　　1911年，孙中山在美国三藩市成立美洲中华革命军筹饷局（对外称国民救济局），发行中华民国金币券以筹集军需款项，面值拾元、壹佰元、壹仟元共三种。筹饷章程规定，凡捐助至少十元者，皆得列明为"优先国民"。

 ## 156

中华革命军筹饷局签发的"优先国民"凭据

1911年10月24日
纸质
纵21厘米，横14.1厘米
孙文祝先生捐赠

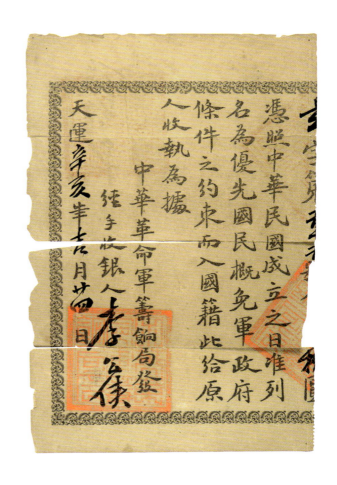

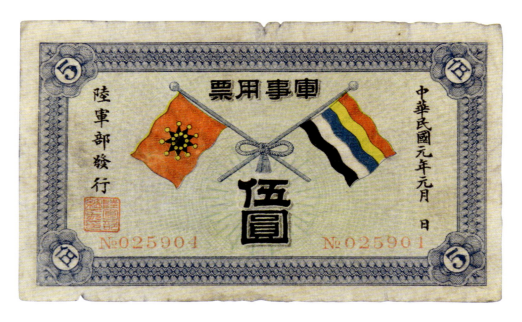

 157

南京临时政府陆军部发行的军事用票壹圆票

1912 年 1 月

纸质

纵 7 厘米，横 11.4 厘米

 158

南京临时政府陆军部发行的军事用票伍圆票

1912 年 1 月

纸质

纵 7 厘米，横 11.8 厘米

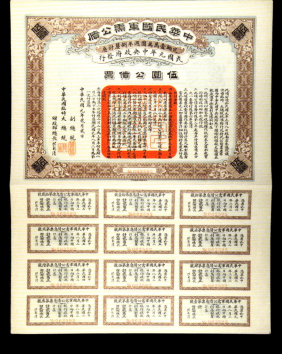

中华民国军需公债伍圆公债票

1912 年 2 月 2 日

纸质

纵 34.7 厘米，横 26.6 厘米

　　南京临时政府成立之初，财政异常困难，经南京参议会议决议，孙中山批准，发行中华民国军需公债，分伍圆、拾圆、壹佰圆、壹仟圆四种，专供军需保安开支之用。债券由临时大总统孙中山、副总统黎元洪、财政部总长陈锦涛联合签发。

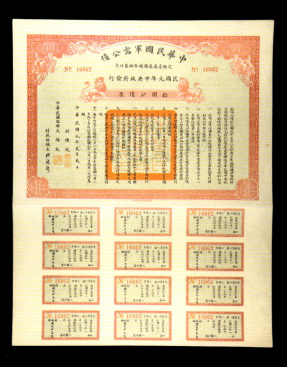

中华民国军需公债拾圆公债票

1912 年 2 月 2 日

纸质

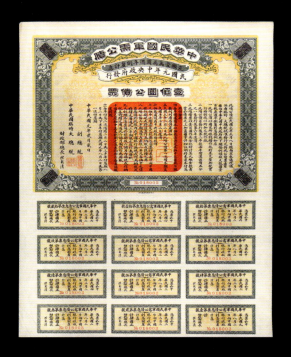

中华民国军需公债壹佰圆公债票

1912 年 2 月 2 日

纸质

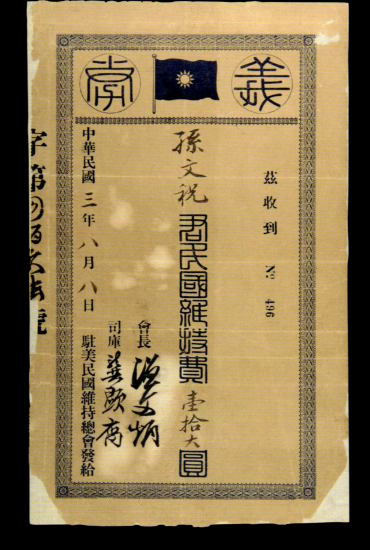

驻美民国维持总会发给孙文祝的拾圆

捐款收据

1914 年 8 月 8 日

纸质

纵 27.2 厘米，横 16 厘米

孙文祝先生捐赠

1914年，为筹集讨伐袁世凯经费，美国三藩市成立了驻美民国维持总会，林森任总会长，温文炳任副会长。1914年至1916年，林森率冯自由等人分赴南北美洲各地募捐。

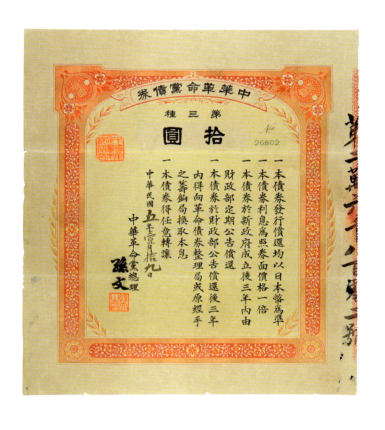

中华革命党拾圆债券

1916 年 1 月 19 日

纸质

纵 24.8 厘米，横 22.1 厘米

杨国昌先生捐赠

"二次革命"失败后，孙中山等革命党人流亡日本。1914 年 7 月，中华革命党在日本东京成立，孙中山任总理。为筹饷讨袁，从 1915 年起发行债券，面值有拾圆、壹百圆、壹仟圆三种。

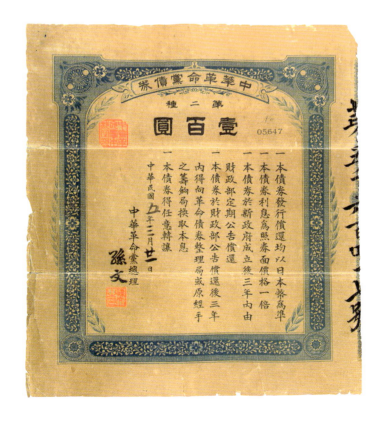

164

中华革命党壹百圆债券

1916 年 3 月 21 日

纸质

纵 24.5 厘米，横 21.6 厘米

杨国昌先生捐赠

165

"中华民国光复纪念" 邮票

1912 年

纸质

纵 2.5 厘米，横 3.3 厘米

　　"中华民国光复纪念" 邮票，第一套以孙中山肖像为主要图案的纪念邮票，1912 年 12 月 15 日正式发行出售，全套共 12 枚，面值从壹分到伍圆不等。

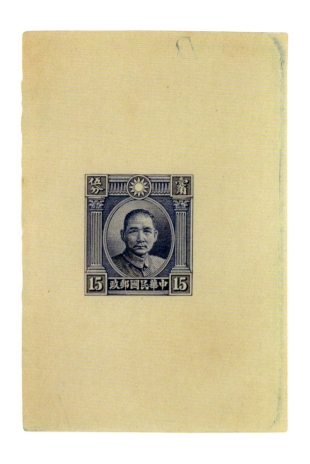

 166

伦敦版（双圈）壹角伍分孙中山像邮票印样

1931 年

纸质

纵 7.4 厘米，横 4.8 厘米

　　1931 年 11 月 12 日（孙中山诞辰 65 周年纪念日），第一套孙中山像邮票发行，由英国伦敦德纳罗公司（Thomas De La Rue & Co.,Ltd）承印，通称"伦敦版孙中山像邮票"。邮票印成后，邮政当局发现邮票上方的白日图案误印成双圈，要求德纳罗公司修正成单圈后发行，为避免损失，又将"双圈"邮票推出市场。

 167

伦敦版（双圈）伍圆孙中山像邮票印样

1931 年

纸质

纵 5.5 厘米，横 4.2 厘米

168

伦敦版（单圈）孙中山像正式发行邮票

1931 年

纸质

纵 2.5 厘米，横 2.2 厘米

"孙总理国葬纪念"肆分邮票印样

1929 年

纸质

纵 2.4 厘米，横 3.3 厘米

"孙总理国葬纪念"正式发行邮票

1929 年

纸质

纵 2.6 厘米，横 3.5 厘米

　　1925 年 3 月 12 日，孙中山病逝于北京。1929 年 6 月 1 日，国民政府举行大典，将孙中山的灵柩从北京移至南京紫金山安葬。1929 年 5 月 30 日，中华邮政发行一套四枚的"孙总理国葬纪念"邮票。

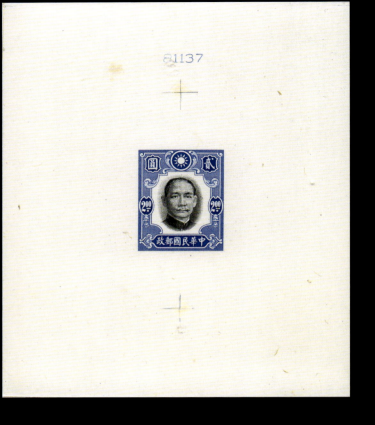

171

纽约版孙中山像贰圆邮票印样

1940 年
纸质
纵 9.4 厘米，横 8.3 厘米

172

纽约版孙中山像贰拾圆邮票印样

1940 年
纸质
纵 15.2 厘米，横 10.8 厘米

　　1940 年 10 月，由纽约美国钞票公司印制的孙中山像邮票发行，全套 16 枚，面值从半分至贰拾圆不等。其中贰圆票发现了中心图案倒印变体票，被誉为民国四大珍邮之一。

纽约版孙中山像正式发行邮票

1940 年

纸质

纵 2.5 厘米，横 2.2 厘米

邮政纪念日邮票展览纪念伍仟圆邮票
试模印样

1948 年

纸质

纵 7 厘米，横 10.1 厘米

邮政纪念日邮票展览纪念正式发行邮票

1948 年

纸质

其中一枚纵 3 厘米，横 4.8 厘米

其余三枚纵 3 厘米，横 6 厘米

　　1878 年，海关发行我国第一套邮票 —— 大龙邮票，至 1948 年适 70 周年，又因 1896 年 3 月 20 日清国家邮政获批准开办，国民政府交通部将 1948 年 3 月 20 日定为首届邮票纪念日，分别于 3 月在南京、5 月在上海举办邮票展览。邮政总局分别在两地发行"邮政纪念日邮票展览纪念"邮票，全套仅有伍仟圆一种面值，主图由光复纪念壹角票和邮政总局成立 50 周年纪念伍佰圆票合成，在南京发行的为玫红色，上海发行的为深绿色，各分有齿、无齿两种，是中国邮政史上第一套票中票。

（正面）

（反面）

176

中国银行伍圆法币样票

1937 年

纸质

纵 7.8 厘米，横 15.5 厘米

（正面）

（反面）

177

中央银行壹圆银元兑换券样票

1923 年

纸质

纵 7.5 厘米，横 12.2 厘米

178

中央银行壹佰圆法币印样（十连票）

1941 年

纸质

纵 44 厘米，横 34.3 厘米

（正面）

（反面）

广东省银行壹毫银毫券样票

1935 年
纸质
纵5.5厘米，横11.6厘米

（正面）

（反面）

广东省银行贰毫银毫券样票

1935 年
纸质
纵6.1厘米，横12.2厘米

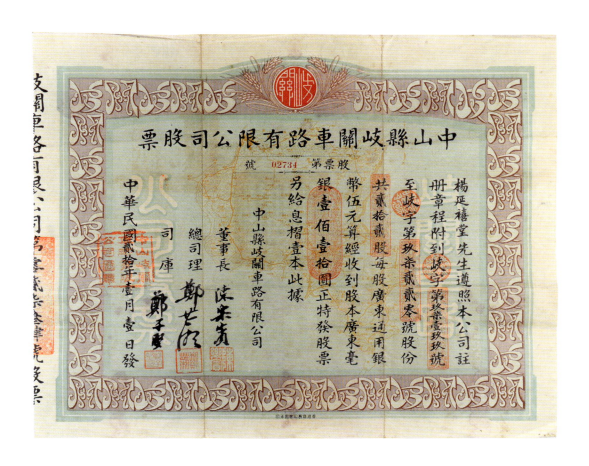

181

中山县岐关车路有限公司股票及息摺

1931 年 1 月 1 日
股票纵 27.3 厘米，横 34 厘米
息摺纵 14.9 厘米，横 8.9 厘米
杨秀琼女士捐赠

　　1930 年前后中山县岐关车路有限公司修筑岐关公路，沿路占用不少农田，后以田主入股的形式作为补偿，每股广东通用银币五元。每份股票配发息摺一本。此为翠亨村杨延禧堂认购的中山县岐关车路有限公司股票及息摺。

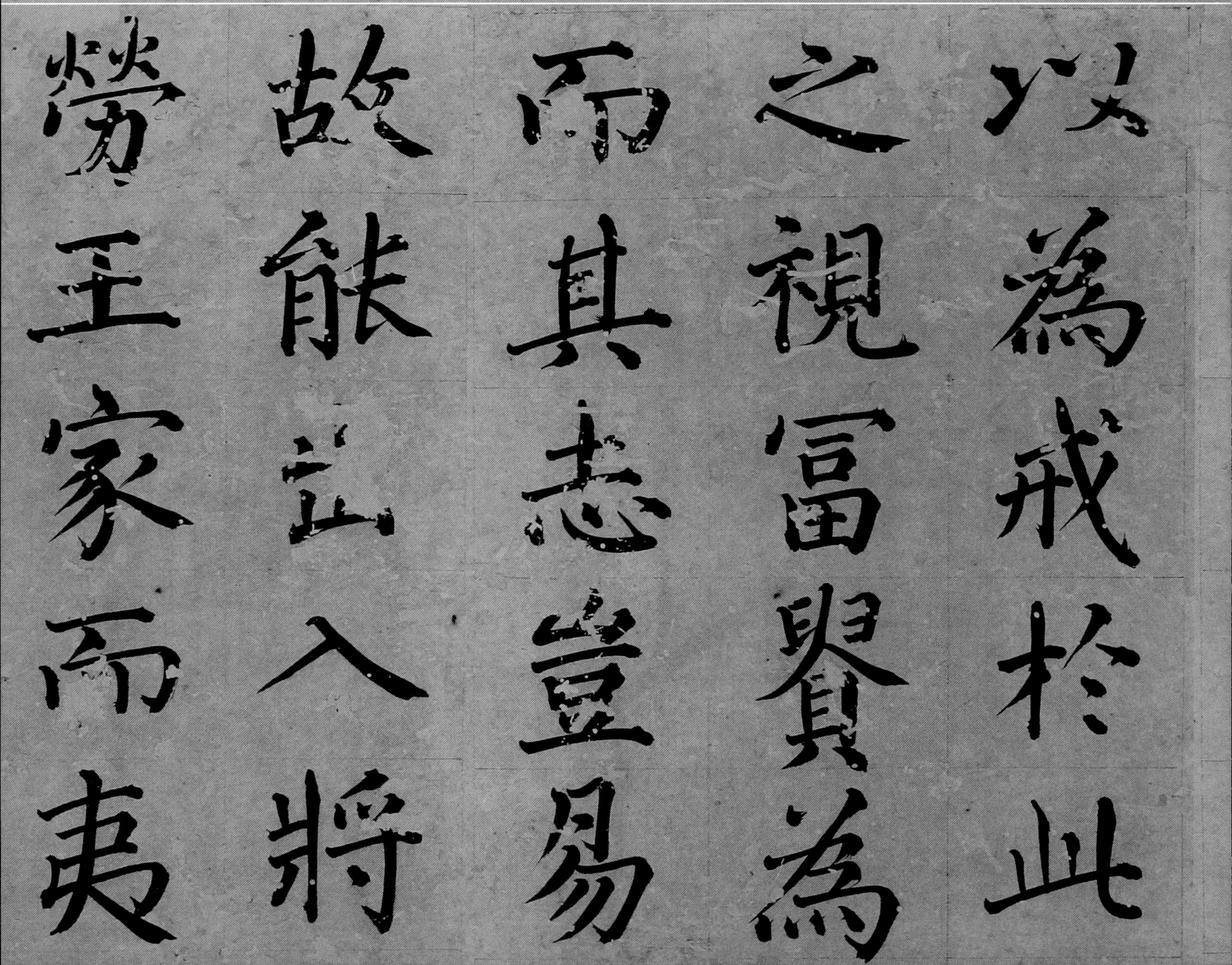

劳王家而夷

故能立入将

而其志豈易

之視富贵為

以為戒於此

可薄蓋不以　快恩雛矜名　以遺相人其　圍既又剬詩　作畫錦之堂

林承芳撰《林太史竹窗存稿》抄本

清

纸质

纵23厘米，横14.3厘米

王业晋先生捐赠

　　4册，每半页9行23字，无框栏，线装，墨笔抄本。收入林承芳所撰绝句、律诗，及祭文、馆课、策论、碑铭、序跋等，间有朱笔、墨笔评点及眉批。传世孤本，陈德芸《广东未刻之书籍》等著录。李仙根秋波琴馆旧藏，曾于1940年春香港"广东文物展览会"展出。

★ 林承芳

字文峰，广东三水人，明万历丙戌年（1586）进士，工文辞，著有《文峰集》《竹窗存稿》等。

向匡山入楚雲保釐元帝意不用感離慮

題王相國老師白燕卷二首

白燕何年至雙棲向玉堂迎風如作態照水不成粧落絮沾泥

起飛花點雲香由來滄海意亦自憐雕梁

其二

宣是烏衣國瑤光幻倚奇雲裳秘舞寵明月夜歸連雪霽梁園

晚天青漢范時惟留雙玉鴛顧影羨差池

題張相國老師閒處館

谷口木十章西山入草堂竹光園遠舉栖露滿新涼高枕無塵

映清齋有佛香閒雲亦何住相對意俱長

秋日小亭

一望消殘暑虛亭入早涼苔吟黃葉下高視白雲長水石舍烟

酬蔡勇氏惟敬西村草堂見示之作

謝公能道與相待賦閒居門有千峰畫圖仍十畝餘栽花園水

竹留容卧琴書日暮安禪得前村落照虛

竹

當年曾手植此意對君長防露歌瑤徑含風掃石床尊開琥珀秀

色徒嫌近微雨若作薌韶曲分明下鳳凰

柳

趺黃臨廣陌半拳酒高臺不共梅花落無勞玉笛催委波絲乍

拂帶日影還未何處聽仙態流鶯博百迴

樹蘭

未解傳空谷幽懷較兩多扳花翻玉蕊犁佩出璃柯影含森松

竹香生引砌蘿猶悄通一徑時得過羊何

石山

此石何年至雙峯迴不孽立波痕半顯倚岳勢全分實隱烟霞

氣若鏡烏篆文坐覷蘿月上幽意淨紛綸

白鷗

可是群未鷺睛沙獨見時白毛元不染紅嘴太多奇點處翻春

浪飄未拂細綠終饒滄海意不使野人疑

寒居

歲晏堪留滯郊園人過楍閒門寧解事高枕自多連風雪凄將

夕林鴉凍倦飛翻尊酒在瀟灑待春暉

與陳伯衡夜诀

同居千古意擁褐歲將闌不柱松生駕其如雪夜歡燈明深巷

林太史竹窓存稿序

今學士詩無不從倚于鱗于鱗工于摹古如書家之臨池
點畫波撇句極象肖足堪亂真人謂有于鱗而唐復見不知
唐見而于鱗隱矣故于鱗唐人之優孟也而摹于鱗之所摹
又于鱗之優孟也蓋而肖為畫龍不肖為類鶩奈何不自尋
其面目而借人為傀儡哉吾友嶺南林開先與不佞同舉
臨武曹老師之門開先讀書中秘不佞守官尚書郎時相過
從杯酒論詩開先于詩無所倚附而自出杼軸咏性靈不
佞觀其五七言諸律及歌行古體各臻妙致譬若風之吹萬

竅隨其竅而答之以聲不拘為同不拘為異要以自見其開
先焉爾能自其開先而開先之美何掩哉至可以旗鼓
吟壇惜哉謹披其朝華而未竟其夕秀也嘗一窺可知其
美何必全藏哉是即不朽開先矣偶得其存稿漫弁其首使
知嶺南言詩者亦有不從倚于鱗如開先者

萬曆辛亥臘月同門年弟徐堯莘書于嶺南臬司公署

五言律

賦得上林春色館課

三月春光嘉題詩在帝州蕙草宮裏樹花氣苑邊樓綺轂迴

杏蕊晴波滿御溝○知勤政日木擬奉　宸遊

賦得玉壺冰館課

詘須臨玉井○對爾靜頹襟○不受風塵色○長懸澄澈心○清霜寒
共照皓月夜○同心○何物曾能擬梅花○點鏡林

雨霽聞蟬館課

蟬鳴及雨霽○隱隱隔垂楊○露滋聲初咽○含風響漸長○泉流同
皎潔琴韻與悠揚○自覺塵心爭○非關早得涼

雨

漠漠夏雲出空冥○江雨長亂荷翻玉井○窓竹暗瀟湘○斷續疑

黄培芳文稿册页

清

纸质

纵33.4厘米，横37.2厘米

王业晋先生捐赠

　　1册66页。黄培芳不同时期诗文稿本装裱成册，多有墨笔、朱笔增删改、圈点、题跋等。李仙根秋波琴馆旧藏。

★ 黄培芳（1778－1859）

字子实，又字香石，自号粤岳山人，广东香山（今中山市）人，清嘉庆九年（1804）副贡生。后官内阁中书，诗文书画俱工，著述甚富，与张维屏（1780－1859）、谭敬昭（1774－1830）并称为"粤东三子"。

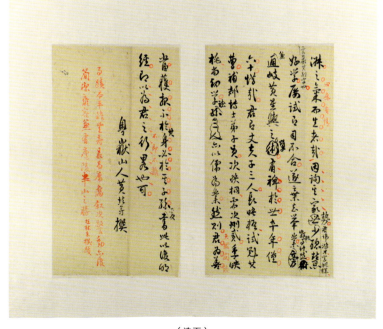

（选页）

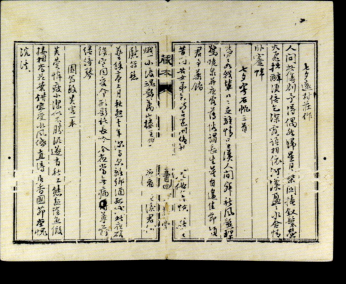
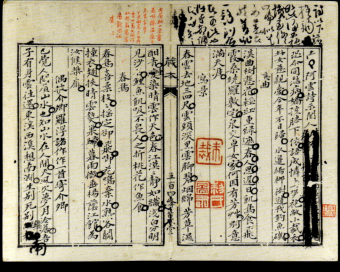

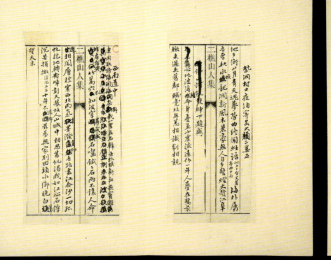
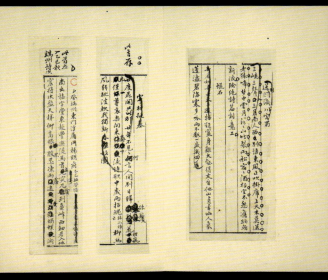

（选页）

184

黎简诗稿册页

清

纸质

尺寸不一：

纵19.5厘米，横23.8厘米

纵33.2厘米，横40.4厘米

王业晋先生捐赠

　　黎简不同时期诗稿散页裱装为一册，删改圈点
迨遍，间有眉批。另有顺德温汝遂、东莞卢子枢

★ 黎简（1747－1799）

字简民，又字未裁，号石鼎、狂简、二樵等，又取
罗浮（东樵）四百三十二峰与西樵七十二峰合称之意，
命名所居为五百四峰草堂，广东顺德弼教村人，以诗、
书、画三绝驰名于世。

移時雲隱不見五月辛卯朔日光轉蕩旋為黑餅三十五年十
一月丙午日赤無光燭地如血 天啟四年四月癸未日無
光有黑子二三蕩於旁漸至百許几四日 崇禎四年正月戊
戌日色如血照人物皆赤十一年十一月癸亥日中有黑子及
黑青白氣日入時旦光摩蕩如兩日十二年正月己未朔日白
無光辛酉日日光摩蕩竟日有氣從日中出如鏡噴花十三年
九月己巳兩日並出辰刻乃合為二人時又分為二十四年正
月壬寅日青無光後三年正月癸丑有星八月三月壬寅日色
無光者兩旬

静木落小齋寒語默自移夕浮況仕客者
寒柳知宵永高齋留客遲清言遙酌茗野趣只烹葵月隱荆扉
色花移永雪枝蓬萬吾豈敢聊可賦新詩
寓夜
倦夜垂清露關門對此亭亮驚喧淺渚螢火亂踈星陳跡供舟
檝端憂感性靈西征罷戎馬飛提未全傅
相携未竹院不是戀禪栖把酒聽鶯語離心逐馬蹄紫花明舊
春日招同諸子集歸義寺餞茶中表店華恭政二首

苑平楚發新萬別後空相憶長江更向西
其二
並隱金門裡翻疑帶曲前常被青玉按共和柏梁篇冠盖肩今
日飛騰憶往年不知省貴無那凴風煙
夏日玉署即事館課
仙館未明候軒窗好賦詩藤陰全覆石間溜溜半穿池鶴跡交深
逕蟬聲亦別枝由來丘壑意譽綬可能期
西苑觀菊
帝里重陽後紫花亦不遮風枝渾欲動霜葉未全披漫說飄零

李遐龄《明天文祥异录》稿本

青

纸质

纵24厘米,横12.8厘米

王业晋先生捐赠

    1册27页,每半页9行24字,白口,无鱼尾,无界行边栏。录明代天文祥异事,按五行分金、木、水、火、土等目共55类。李仙根秋波琴馆旧藏,曾于1940年春香港"广东文物展览会"展出。

★李遐龄（1768-1823）

字芳健,别字菊水,广东香山(今中山市)石岐紫里人。擅诗文、书法,潜心经史,编著有《勺园诗抄》《易蠡》《胜国遗制录》《明天文祥异录》等30余种。

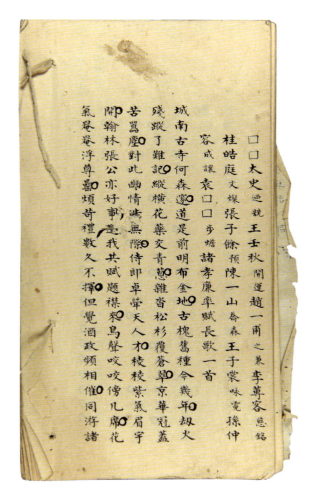
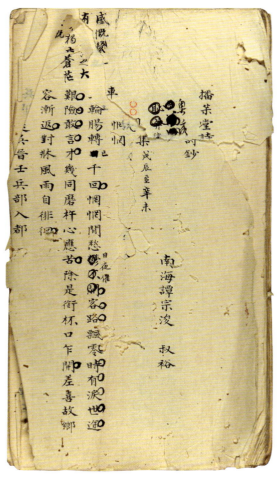

186

谭宗浚《播椒堂诗抄·粤秀集》稿本

清

纸质

纵24.5厘米，横13厘米

王业晋先生捐赠

　　1册43页，每半页8行23字，无框栏，无序跋，纸捻装。录谭宗浚于清同治七年（1868）至同治十年（1871）在广州生活期间所撰诗作，间有圈点修订。眉批49则，为南海冯栻宗（约1815－1885）所题。李仙根秋波琴馆旧藏，曾于1940年春香港"广东文物展览会"展出。

★谭宗浚（1846－1888）

字叔裕，广东南海人。清同治甲戌（1874）榜眼，著有《希古堂文集》《荔村草堂诗抄》等。

南朗《程氏族谱》

中华民国
纸质
纵29.2厘米，横17.2厘米
程官标先生捐赠

广东香山南蓢（今中山市南朗街道）田边村、安定村、亨尾村及赤坎村程氏宗族的族谱，程道元主修，线装，石岐孙文西路19号光华公司承印，共印40部，每部26卷，存谱字号为"巨族开何代，高阳世胄延。西周茅土建，东晋玺书传。穗石留名宦，花封有象贤。吴门分派远，奕禩庆瓜绵。"程氏族人中，程璧光、程奎光、程耀垣、程耀臣、程蔚南、程君海、程天斗等均与孙中山关系密切。

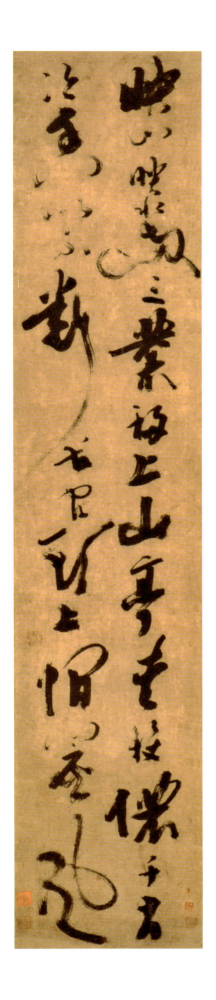

188

陈献章草书《对菊》诗轴

明
纸质
纵159厘米，横33厘米
王业晋先生捐赠

简经纶《琴斋论书》曰："秋波琴馆所藏陈白沙献章书幅，瘦硬通神，信有奔雷坠石之奇，可谓智巧兼优，心手双畅。"李仙根秋波琴馆旧藏，曾于1940年春香港"广东文物展览会"展出。

★陈献章（1428-1500）
字公甫，广东新会（今江门市新会区）白沙里人，故又称白沙先生。明代著名思想家、诗人、书法家，著有《白沙集》等，擅书法，束茅为笔，名曰"茅龙"。

侮之若季子不禮
於其嫂買臣見棄
於其妻一旦高車
駟馬旗旄導前所
騎卒擁後夾道之
人相與駢肩累迹

瞻望咨嗟而所謂
庸夫愚婦者奔走
駭汗羞愧俯伏以
自悔罪於車塵馬
足之間此一介之
士得志於當時而

將相而富貴皆公
所宜素有非如窮
阨之人僥幸得志
於一時出於庸夫
愚婦之不意以驚
駭而夸耀之也然

則高牙大纛不足
為公榮桓圭袞冕
不足為公貴惟德
被生民而功施
社稷勒之金石播之
聲詩以耀後世而

邝露楷书《昼锦堂记》册页

明崇祯十五年（1642）二月十六日
纸质
纵36厘米，横38厘米
王业晋先生捐赠

　　1册23页，录唐欧阳修《昼锦堂记》，间有删节。李仙根秋波琴馆旧藏，曾于1940年春香港"广东文物展览会"展出。李仙根《楚庭书风》曰："余藏其（邝露）丙午所书《昼锦堂记》，仿《颜家庙碑》，……镕铸篆隶，奇肆瘦硬如其人。"

★ 邝露（1604-1650）
字湛若，广东南海人，著名文人、书法家。明末，与诸将守卫广州对抗清军，城陷殉国。

〈1〉

〈4〉

恍恩歸⽻多
可薄蓋不以昔人
之所夸者為榮而

以為戒於此見公
之視富貴為如何
而其志豈易量哉
故能出入將相勤
勞王家而夷險一
節至於臨大事決

誦公之言樂
志有成而喜為天
下道也於是乎書

壬午二月既望
書
廊露

以遺…其…
作晝錦之堂于後
圃既又刻詩於石

垂無窮此公之志
而士亦以此望於
公也豈止夸一時

而榮一鄉哉公在
至和中嘗以武康
之節來治於相於

登公之堂…
邦家之光非閭里
之榮也余雖不獲

大議垂紳正笏不
動聲氣而措天下
於泰山之安可謂

社稷之臣矣其豐
功盛烈所以銘彝
鼎而被絃歌者乃

（选页）

黎简函札册

清

纸质

尺寸不一：

纵31.9厘米，横40厘米

纵37.5厘米，横44.8厘米

纵33厘米，横51厘米

王业晋先生捐赠

　　黎简致伟人、李正夫、郑应翰等函札装裱成册，
1册35页。李仙根秋波琴馆旧藏。

（选页）

（选页）

191

李遐龄《和谭康侯珠江柳枝词三十首》楷书册页

清嘉庆二十年（1815）

纸质

纵34.5厘米，横34.4厘米

王业晋先生捐赠

（选页）

李遐龄手书自撰《和谭康侯珠江柳枝词三十首》，描述广州珠江两岸之繁华与景物。诗册以略带行书笔意的小楷书写，气息清雄雅正。后附胡汉民、叶恭绰、郑洪年、易大厂、冒广生、谭延闿、陈融、黄佛颐等题跋。1册25页，李仙根秋波琴馆旧藏。

李遐龄书法五体兼能，尤擅小楷与行草。陈融《读岭南人诗绝句》曰：李遐龄"其书法直颉颃二樵，而腕力且有过之而无不及"。

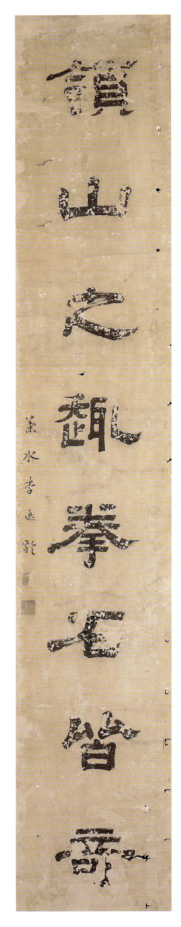

192

李遐龄隶书得水领山八言联

清
纸质
纵 197 厘米，横 34.8 厘米
李国泰先生捐赠

李仙根《岭南书风》称其先祖李遐龄"隶法以孔庙诸刻为法"。李仙根秋波琴馆旧藏。捐赠人李国泰为李仙根之子。

193

陈子清行书兰畹风仪八言联

清
纸质
纵166.5厘米，横35厘米
李国泰先生捐赠

李仙根秋波琴馆旧藏，其《岭南书风》评曰："陈琼壶子清，写北海而后追踪晋贤，自从先实庭公游，更爱勺园书法，不落俗韵。"

★陈子清（1811－1889）

字季脤，原籍广东顺德，后徙香山（今中山市）员峰。道光丙午年（1846）举人，操履狷洁，著有《证真画斋诗钞》等。

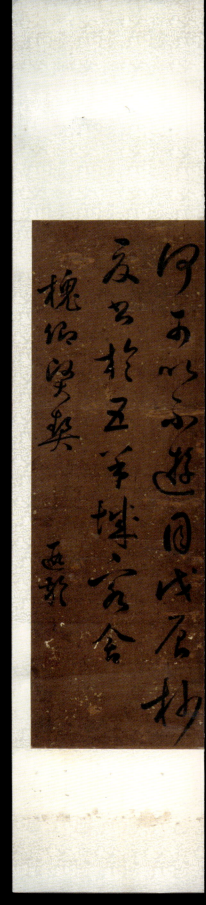

194

李遐龄草书临王羲之《旃罽胡桃帖》《清晏帖》四屏

清嘉靖十三年（1808）
纸质
纵89.8厘米，横30.5厘米
李国泰先生捐赠

　　李遐龄临王羲之草书《十七帖》之《旃罽胡桃帖》《清晏帖》二帖，拓信札为四条屏，气势连贯，结字、笔意在似与不似之间，于娴熟中见生涩，行笔劲挺爽健。李仙根秋波琴馆旧藏。

〈1〉　〈2〉　〈3〉

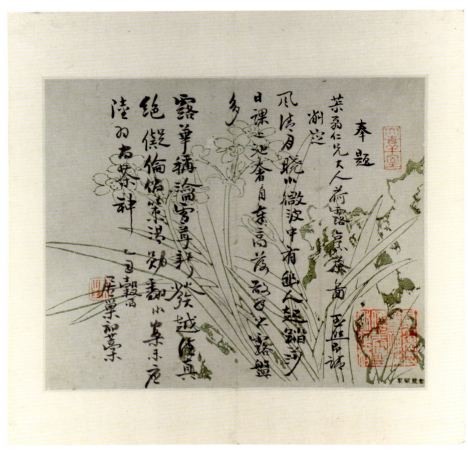

（选页）

居巢自作诗文杂稿册

清同治四年（1865）

纸质

纵32.2厘米,横32.7厘米

王业晋先生捐赠

　　居巢录自作诗文，1册15页，书于大小、式样不同的彩色花笺纸上，书法规模恽寿平，时用古体癖字。李仙根秋波琴馆旧藏。

★居巢（1811－1865）

字梅生，广州番禺隔山乡（今属广州市海珠区）人。擅画山水、花卉、鸟禽，草虫尤精。画风轻描淡写，澹逸清华，开岭南画派之先河。工诗词，为画名所掩，著有《今夕庵诗钞》等。

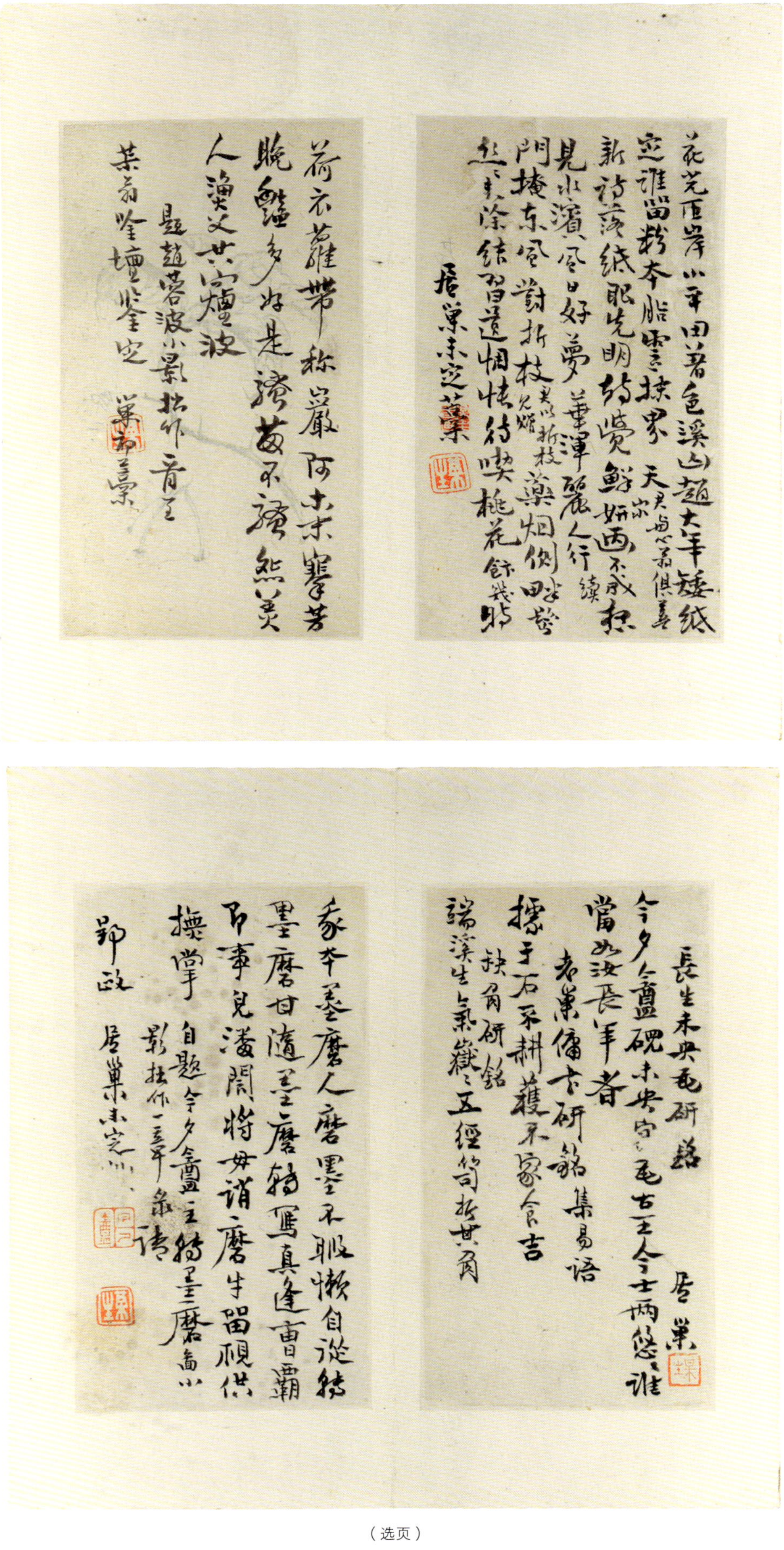

（选页）

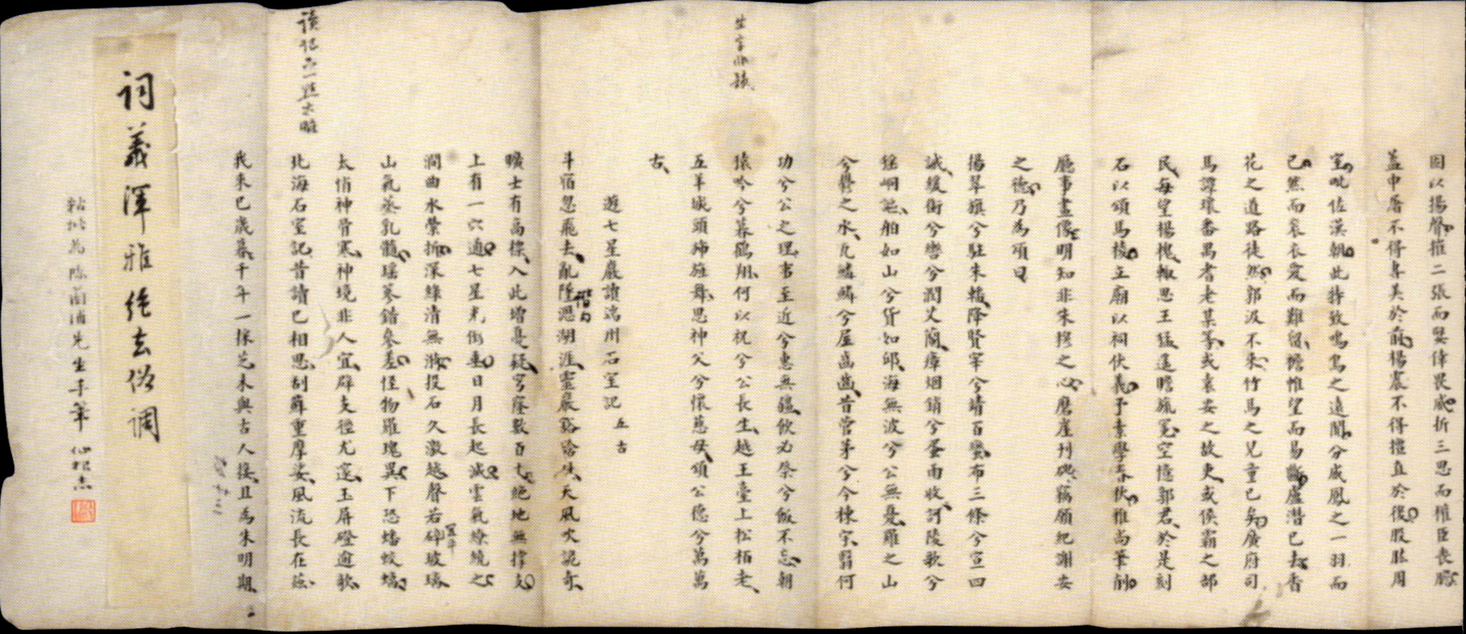

196

康有为菊坡精舍课艺

清
纸质
纵26.5厘米，横129厘米
王业晋先生捐赠

　　康有为（1858－1927）存世最早的文献遗墨，除文献
价值之外，也可从中一窥康有为早年书法面貌。末页有菊
坡精舍山长陈澧（1810－1882）粘批。李仙根秋波琴馆旧
藏，曾于1940年春香港"广东文物展览会"展出。

南海縣廩監生

康祖詒

擬張燕公廣州都督宋廣平遺愛碑頌

夫王臣行迪必宣海邦之殿黎首至愚能知惠君之

澤首古青春立石祠波儀配陸公之祠羊公陸

美南之淚于峴山留江介之銘莫不犀棠敦敦步此在

當時為頌聲傳後世為風馬況乎治易施根利興隨

除有劉遺欽之化宜立孔像之祠有莨豫俗之美盖

建清德之儀矣天子以廣州地總彙落海接蠻夷的

貪泉則貪夫多此近閭户則民難撲以伏波

之隙于陽之以刺史之衛獸相宋公實為郡藏出瑞

石之末數荒外之化鎮百蠻之視伝五管之風靜

萬里刊荒至感重也公禮意風鸞孝情青那清簡時

劉頌誠情織悲則仇覽升令欵追虔以詢政作景陽

之舉舄圉已雪馬長鸞羊水烏歡馬子為處义頌

苟執馬神茂貸中洞王紅瘅卉秋珠俗同風異偁

懷德以冠帶易文身斷髮撫荒服為孝子順珠欵欵

手珠浦之清龍銅柱之万里多車猗花春明海蒼

晚鳥番舶之于擒羌稜兔養之銅鼓無驚西貴南渽

重譯如思大洲小嶼萬里不涨上因晉霸于是遠韜

雖然稱良幹者一時之海棠樂利者萬世之功先王

壇遺以把先意顧楷以享先夜食之榮老婦

之欵恨本追遠不忘于惜堂禍臨河石欵美鳥珍物

學而棠奉孔里黯顏顏海瀆宝孫屋風肥逗虞灾

大易泓公以傳說祖森之徹羊祀版榮虞舜大襲之

願散以航陽用是色燮率茲美增韋祀祀祉欵以顋

〈6〉　　〈5〉　　〈4〉

〈12〉　　〈11〉　　〈10〉

古应芬赠李仙根自书诗册

1930 年
纸质
纵 28 厘米，横 33.2 厘米
王业晋先生捐赠

　　古应芬行书 4 首自作诗赠李仙根，1 册 24 页。李仙根在政界长期得到古应芬的提携，曾有诗云："公视余若弟，我事公如父。"其《岭南书风》曰："湘勤古先生，少习曹娥，晚师吴郡，亦学史晨，规行矩步。"李仙根秋波琴馆旧藏。

★ 古应芬（1873－1931）

字勷勤、湘芹，广东番禺人。1905 年加入中国同盟会，参与辛亥革命、二次革命、讨袁护国、护法、东征、北伐等，历任大本营秘书长、财政部部长兼广东财政厅厅长、南京国民政府文官长等要职。

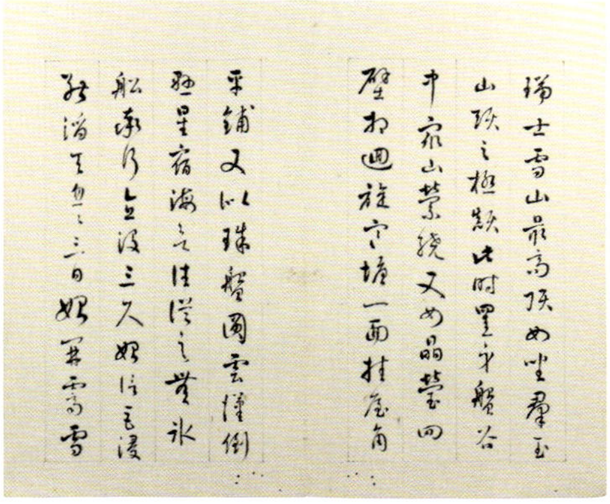

〈3〉 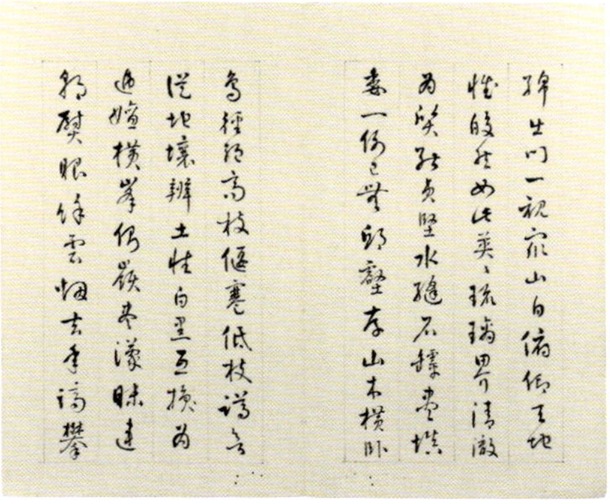　　　　　〈2〉 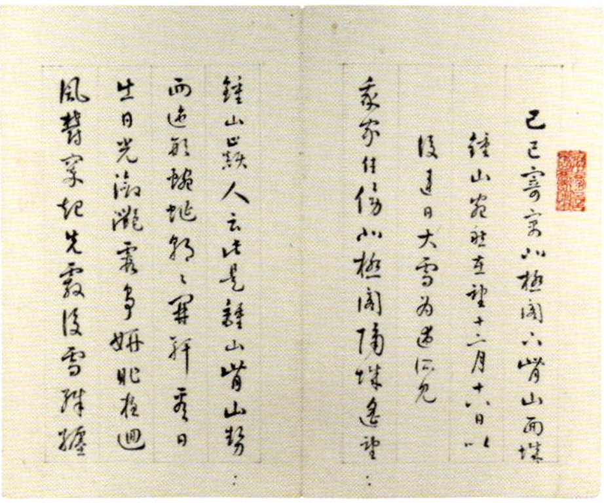　　　　　〈1〉

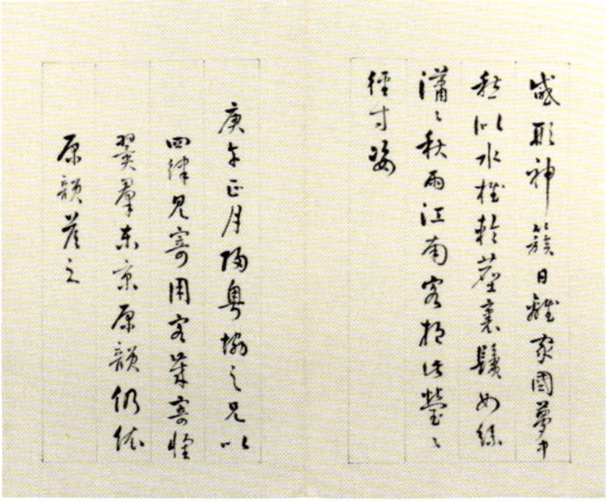

〈9〉 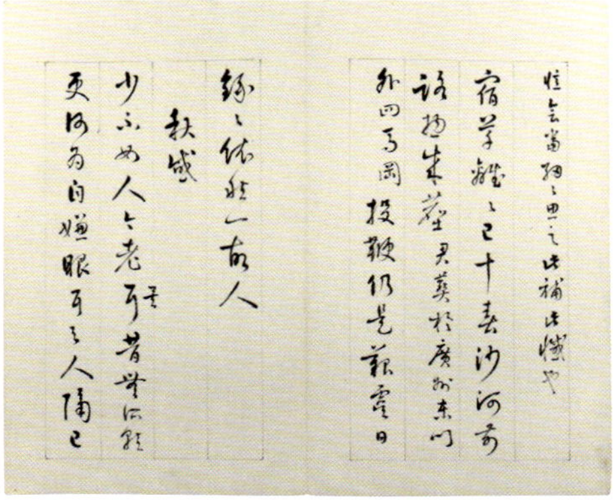　　　　　〈8〉 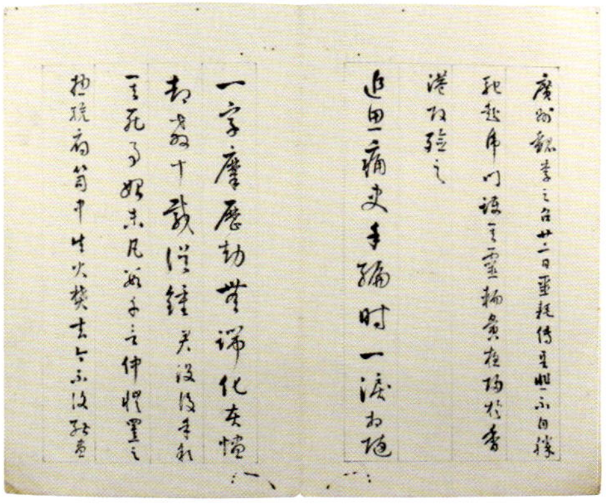　　　　　〈7〉

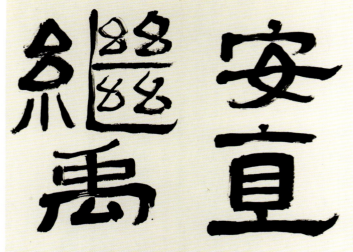

（选页）

林直勉赠李仙根节临汉《西狭颂》隶书册页

中华民国
纸质
纵28厘米，横33厘米
王业晋先生捐赠

　　1册18页。李仙根曾曰："直勉先生，其书先学赵孟頫，次学虞世南，次学汉碑，……将古人之篆隶碑帖，合冶一炉，自成一体。"

★ **林直勉**（1888－1934）

原名培光，字绍轩，晚号鲁直，广东东莞人。曾任陆海军大元帅大本营秘书、中国国民党驻美洲总支部长等。

民己　豐稔　瑞降

路己　浚瀆　鑱山　賓服

（选页）

仙根先生属
節臨西狹頌並
正　弟林直勉

捐赠芳名录

（按姓氏笔画排列）

小坂文乃	马文辉	马湘	王小立	王业晋	王征
王晓强	王颂伟	王颂芳	王辉	区国雄	区美佳
区维业	丹内友香子	方伟樵	孔祥斌	甘伟洪	卢宗龙
卢南英	卢照星	叶广成	叶志成	毕志铭	朱乃澄
朱天文	朱建潮	朱逊逵	朱腾云	伍达奇	伍奇峰
庄焕阳	刘小杭	刘汉宁	刘汉南	刘荒田	刘超
刘新岩	关月彬	关荣漳伉俪	江祥玺	许金月	阮文泽
阮文峰	阮秀祥	孙文祝	孙必立	孙必达	孙必兴
孙必胜	孙军良	孙国元	孙国升	孙国雄	孙炳基
孙继红	孙嘉瑜	孙穗华	孙穗瑛	苏干远	巫宝琳
李伟明伉俪	李君豪	李国泰	李怡	李宝珠	李景秋
杨小涛	杨日昕	杨东	杨连逢	杨坚水	杨吴碧云
杨秀琼	杨国昌	杨明恩	杨凯仪	杨和平	杨胜
杨帝俊	杨美美	杨洁珠	杨爱兰	杨颂廉	杨海
杨添霭	杨富冠	杨裕康	肖剑	吴祖田	邱健球
邱润发	余乃刚	余松岩	余镜海	邹佩丛	张婉
张翰琪	陆玉庭	陆玉崑	陆耀江	陈士樑	陈天霭
陈旭升	陈丽雪	陈灿培	陈国祥	陈国勳	陈迪秋

陈宝荣	陈祉	陈建群	陈洁馨	陈珲	陈筱慈
陈新亮	邵根才	招见明	招丹莹	招志刚	招思虹
招钰冰伉俪	招铭刚	招琳樱	林文湘	林邦力	林观焜
林李清香	林杨寿柏	林建纲	林冠群	林素娴	林莲芳
林啸	林湘洲	林媛	林瑞伟	林瑞明	林瑞雄
林暾	林璿	林馨	林夑	欧阳永兆	卓文波
罗桂萍	周士荣	周世俊	周雪清	周廉楣	郑天佑伉俪
胡希明	钟伟成	侯家龙	姚中美	姚宝钧	姚宝琳
姚剑漳	姚美琳	姚嘉康	秦竹裴	袁国俊	顾明
顾烜铭	顾菊珍	钱英英	翁莉莉	高醇芳	郭理如
唐元正	唐元右	唐元立	唐锦儿	唐颖儿	涂克
谈翠屏	黄布贤	黄卓	黄建安	黄建国	黄绍佳
黄健敏	萧庆才	萧舜芳	崔汉军	崔静薇	梁介玉
梁永乐	梁成业	梁华松	梁海迪	梁绳	梁富强
韩泽生	程生	程宝嫦	程官标	程美宝	曾培鑫
温大川伉俪	谢伟	简向兄弟	简庆同	简治平	谭观成
谭委员	黎妙仪	颜宝臻	戴兰郁	戴兰馥	

（截至 2024 年 7 月）